智元微库
OPEN MIND

成 长 也 是 一 种 美 好

分解工作法

小さく分けて考える

聪明人
如何解决复杂问题

[日] 菅原健一　著

张玲玲　译

人民邮电出版社

北京

图书在版编目（CIP）数据

分解工作法：聪明人如何解决复杂问题／（日）菅原健一著；张玲玲译． -- 北京：人民邮电出版社，2025. -- ISBN 978-7-115-66203-3

Ⅰ．B026

中国国家版本馆 CIP 数据核字第 2025N7M783 号

◆　　著　　［日］菅原健一
　　　　译　　张玲玲
　　责任编辑　王　微
　　责任印制　周昇亮
◆ 人民邮电出版社出版发行　　北京市丰台区成寿寺路 11 号
　　邮编 100164　电子邮件 315@ptpress.com.cn
　　网址 https://www.ptpress.com.cn
　　文畅阁印刷有限公司印刷
◆ 开本：787×1092　1/32
　　印张：7.25　　　　　　　　2025 年 3 月第 1 版
　　字数：150 千字　　　　　　2025 年 10 月河北第 2 次印刷
　　著作权合同登记号　图字：01-2024-3868 号

定　价：59.80 元

读者服务热线：（010）67630125　印装质量热线：（010）81055316
反盗版热线：（010）81055315

『努力也没有回报』的想法是错误的

你是否也有过这样的感受，觉得"即使努力也得不到回报""即使努力也无法获得好评"？

以前的我也是如此，总觉得工作怎么干也干不完；公司要求我努力干出业绩，但我不清楚努力后的结果会是怎样的；也不清楚该怎样努力才能有回报；对于被安排的工作，自己总是怀疑努力后会不会有结果；总会怀疑就这么盲目地努力下去，真能提高业绩、升职加薪吗？我不知道未来会怎样，因此只能叹着气埋头于眼前的工作。你有没有与我类似的体验呢？

那么，为什么努力了却没有得到回报呢？现在回想起来，当时的我努力了却没有得到回报，也在情理之中（如果你现在进展不顺，很有可能和当时的我一样，面临同样的困境）。当今社会，要想在工作中取得成绩，需要的是"脑力劳动和效率"，而不是单纯依靠"努力和劳动量"。"盲目努力"是最没有效率的行为，在努力之前，首先应该思考"真正重要的工作有哪些？""怎样才能把这些重要的工作做到极致？"

有些人通过上述思考方式花 10 小时就能完成我们之前花 100 小时都完不成的工作。他们会在着手这项工作之前就分析出哪些劳动是无用功，从而节约了时间。是的，当今社会有人通过这样的方式获得了成功，也有人不懂这种"思考方式"，导致努力了也得不到想要的结果。因此，为了让付出的时间和精力都有所回报，"思考方式"便显得尤为关键。

本书是为了帮助那些即使非常努力也得不到回报的人而写的，希望帮助他们改变思考方式，以提高工作效率，同时，希望能帮助到那些困于当下、想要进步，以及不知道如何厘清工作思路的人。这些人有一个共同点，那就是都不清楚自己的任务、目标和未来规划。模棱两可是不行的，要想具体开展工作，就必须对模棱两可的内容进行分解。我给很多企业当过顾问，帮助企业获得过成功，使用的方法就是"分解思维"。

如果觉得开动脑筋思考也没有进展，就先把要做的工作进行分解，把它写在纸上，进行梳理。如果碰到了难题，就通过调查研究的方法来获取新的信息，再对其进行加工和思考，这么做，问题一定能迎刃而解。

前 言

　　我们常常遇到这种情况：明明在思考，却只是在原地徘徊，得不出任何结论。大脑一片混乱，不知道该从哪里开始思考，也无法将想法有效传达给对方。工作明明很努力却不能达到想要的结果。有时，我们虽然看似在"思考"，却总是找不到答案，无法向前迈步。

　　以上这些问题的解决方法都是一样的——只需要把大问题进行分解！是的，只要把模糊不清的大问题分解成若干个小问题并进行思考，就能解决以前无法解决或不知如何下手的问题。本书的核心要义，就是教会大家通过把大问题进行分解思考的方法来找到真正需要解决的问题"根源"，避免做无用功，从而实现高效工作、工作出成绩的目的。

我为什么能获得时薪 30 万日元的"破壁"工作

我目前在 Moonshot 股份有限公司担任顾问。我这么说时，经常会有人问我："您是在咨询公司工作吧？"事实上，我所做的工作与大部分的咨询工作并不相同。概而言之，我所做的工作就是"破壁"。所谓"破壁"，是指对模糊的想法或还没找到解决方案的问题进行梳理，提供解决方案。

战略咨询公司一般都会花三个月左右的时间，派大批人马来共同推进一个项目。他们首先会在短时间内阅读客户所在行业的相关资料，然后汇总客户所面临的问题，并制定相关解决方案，最后用 PPT 的形式向客户汇报。虽然这看上去是脑力劳动，但其中的工作量已十分接近体力劳动。

而我所做的工作是听取客户的想法，并与他们商讨。通过与客户一对一沟通，向他们提出各种建议。我在咨询中往往既不准备资料，也不做功课。尽管如此，每年还是会有 10 家公司与我签约，其中一家是从 5 年前我创业之初就一直合作的公司。

我的客户通常会感到公司"进展不顺""本可以进一步做大做强，却止步不前……"，也找不到"进展不顺""公司发展不如预期"的问题所在。而我的工作就是用"破壁"的方法为他们找到答案。在梳理问题、发现问题、解决问题的过程中，我有时会提出其他方向的方案，如"离开眼下已经饱和的市场，开拓其他拥有潜力的市场吧"，有时也会促使客户改变自身的想法。解决问题的方法有很多，因此我自始至终不会单方面引导他们"只往某个方向发展"，而是一边和客户探讨，一边引导他们自己发现商机。

我的时薪是 30 万日元，对于这份"时薪 30 万日元的破壁"工作，也许有人会想，这份工作"仅仅是聊天?!""仅仅是听了问题之后帮助客户梳理一下吗？"即便如此，我和客户依然保持着最好的合作关系，这是因为我能帮助对方从无法发现"问题"的困境中摆脱出来，找到"问题"以及更合适的"解决方案"，从而推动公司的发展。这个方法的基本思路极其简单，而成功的关键就在于用好"分解思维"。

我在 30 多岁时以十几亿日元的价格卖掉了自己的公司，之后继续留在这家公司担任首席营销官

（CMO），花了 3 年时间把公司发展成年销售额达数百亿日元的大公司。被誉为"营销之神"的菲利普·科特勒（Philip Kotler）设立的科特勒奖，在日本仅有 3 名评审员，而我作为营销人员，有幸成了其中之一。此外，作为"天使投资人"，我累计投资了 30 家公司。顺便提一下，我大学并没有毕业，至于资格证书，我甚至连汽车驾照都没有。但是，我正因为掌握了"分解思维"方式，才取得了连我自己都无法预料的成绩。本书将向大家具体介绍"分解思维"的实操方法。

进展顺利的人与不顺利的人的区别

因为工作关系，我给很多企业和个人做过咨询。在参与各种项目的过程中，我发现了影响人们做事情进展顺利与不顺利的关键点，那就是：为了确立正确的目的、目标，是否对工作进行了"合理分解"。

"分解"，即要"分开"，具体是指去除细枝末节，进行有效打磨。就像从钻石原石中去除杂质，提炼、打磨大块晶体（去除杂质和油脂等）的过程，"只留下真正有价值的部分"一样。人们之所以为了工作而烦恼，是因为这些工作的表象太过庞大复杂了。"庞大"指的是模糊不清,"复杂"指的是多种要素错综复杂地交织在一起。但是,当我们将其"分解"后,事情就会变得具体,变得容易着手,变得更加明确。一旦找到了问题和任务的关键要素,剩下的就是按照重要性的先后顺序去解决问题。某个人或企业的工作进展不顺,大多是由于忙于眼前的琐碎事务而迷失了最终目标。他们在工作中有时会出现这样的状态:明明很努力却没有达到预期结果;或者即便获得了一些成果,也觉得只是运气使然。之所以会这样,多半是因为他们没有将工作进行合理的分解。有时目标设置得过于宏大,会导致大家难以达成共识,难以想出具体方案。尽管大家设法完成了本年度目标,但如果上司提出"下一年度业绩要翻番"的要求,大家可能会觉得"难以完成""已经没有办法了"。这种情况往往是因为前期没有对工作进行合理的分解。

另外,工作推进顺利的个人或企业都是朝着一个大目标前进,并将此目标进行合理的分解,不做无用功。例如,谷歌通过目标与关键成果法(Objectives and Key Results,OKR),将目标进行分解管理,从大目标中分解、确定了各个具体目标。

就个人而言，据说活跃在美国职业棒球大联盟的大谷翔平，在高中一年级时为了实现以选拔第一的成绩成为职业棒球选手的梦想，将必要的事情分解、汇总成一张表格，并不断努力。即便目标很宏大，如梦想一般遥不可及，他也要将其分解，明确需要完成的各项内容，然后逐个达成[①]。

每个人都曾描绘理想的生活工作的蓝图，然而，如果我们只是怀揣梦想，没有将其分解执行，那么这些梦想就很难实现。相反，如果我们能把抽象的"理想"分解成"年收入 1000 万日元""当主持人"等越来越"具体"的目标，就能找到实现它的有效方法。我们在分解目标后，看事物的视角会发生变化，目标的"清晰度"也会越来越高，我们就能有针对性地思考达成目标的方法。

---

① 相泽光一《"晚上 7 碗饭，早上 3 碗饭"——大谷翔平 10 年前写下的 81 个"曼陀罗计划"之一》（ PresidentOnline，2021 年 7 月 12 日 ）。

　　　　　　　分解工作法　聪明人如何解决复杂问题

聪明人看问题都很透彻

上文提到了"清晰度",这是近年来经常听到的词,用来形容人们对事物细致、明确的看法。比如,旧款数码相机拍摄的照片分辨率很低,用电脑查看照片时,照片就会像打了马赛克一样,细节丢失。相反,用高清设备拍摄的分辨率高的图像,即便细小的地方也能看得很清楚。

概观"清晰度"高的人,他们工作时大多能俯瞰全局,并对具体目标进行"分解"。正因为如此,他们才能深入思考,即使是最初想到的方案,也可以将其视为"被分解后的一部分",再寻找其他更好的方案。

以"提高销售额"这一目标为例,因目标模糊而烦恼不已之人与分解目标后明确具体工作之人的区别,如图 0-1 所示。

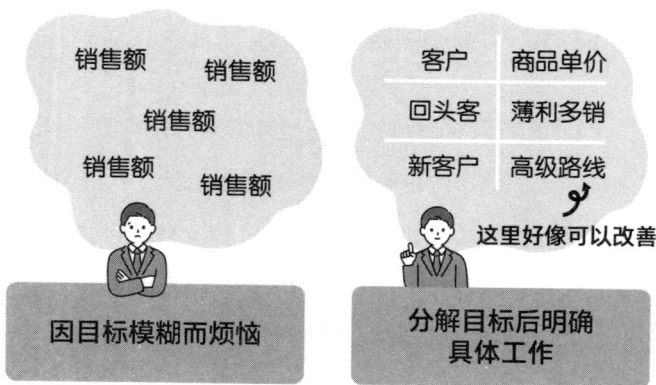

图 0-1 "提高销售额"：因目标模糊而烦恼之人与分解目标后明确
具体工作之人的思维差异

如果不将目标分解，人们对于眼前的工作就只能产生模糊的想法，无法将有效的工作信息传达给别人，或者因为目标过于抽象而不知道该具体做什么，或者只是"因为有人那样说"，就盲目开始行动。最糟糕的是盲目地提出："增加人手吧。""增加预算吧。""努力就对了！"如果增加人力和预算，那么必须达成的盈利目标也会相应增加。如果个人和企业一直都只是盲目"努力"，结果会变得难以预测。

"做出更好的选择，高效完成有价值的工作。""明明一直在努力，却依然无法完成眼前的工作。"这两种结果的差别源于"是否养成了合理分解、专注于重要工作的习惯"。这是任何时候都能开始且任何人都能实践的思维方法，希望读者掌握。

分解思维的由来

为什么我会形成这样的思维方法呢？在此，我想重新回顾一下自己以往的经历。我从 20 岁开始担任工程师，但绝对不算优秀。在我 22 至 23 岁时，I-Mode、EZWeb、J-SkyWeb 等可以用手机收发邮件和浏览网页的服务出现了，我的工作是编写这些收费服务的程序。当时，因为在翻盖手机上运行的程序很少见，且大多数日本人都有翻盖手机，所以我们的服务吸引了大量用户。

现在有亚马逊云科技（Amazon Web Services，AWS）这样的虚拟服务器，只要多增加些成本，就可以比较自由地增加服务器数量。然而，当时市场上还没有这样的服务，所以我们不可能为了满足客户的需求，一下子把服务器的数量增加 10 倍。但在增加服务器之前的这段时间内，也不能停止服务，所以工程师们只能自己抓紧时间编写处理速度提高 10 倍的程序。

我们经常面临这样的紧急状况：虽然刚开始提供服务的状况还不错，但第二天用户突然暴增，这导致服务卡顿，如果服务卡顿的情况不能在几个小时内恢复正常，就会造成相当大的损失。出于应对紧急情况的需要，我做的是对问题进行区分思考。为了让卡顿的服务重新运转，我尝试将所有的要素分解思考。

首先思考"访问量的增加为什么会导致服务器运转速度的下降"，此时情况可以分为两种："网络问题"（通信速度慢）和"程序问题"（程序设计冗余）。然后在此基础上，将原因进行分类：如果网络设置没有问题，那么是哪个程序出了问题？是否启动了无关程序导致速度变慢？我按照这样的方式将要素全部分解，逐一确认是否存在问题，找出需要修改的地方，然后集中全部力量修复这些地方（见图 0–2）。之所以要分解问题、区分问题和原因，是因为我们往往没时间重新审视所有要素。你当然可以逐个尝试你想到的方法，但那样会浪费大量时间，而且一旦失败就无法挽回。

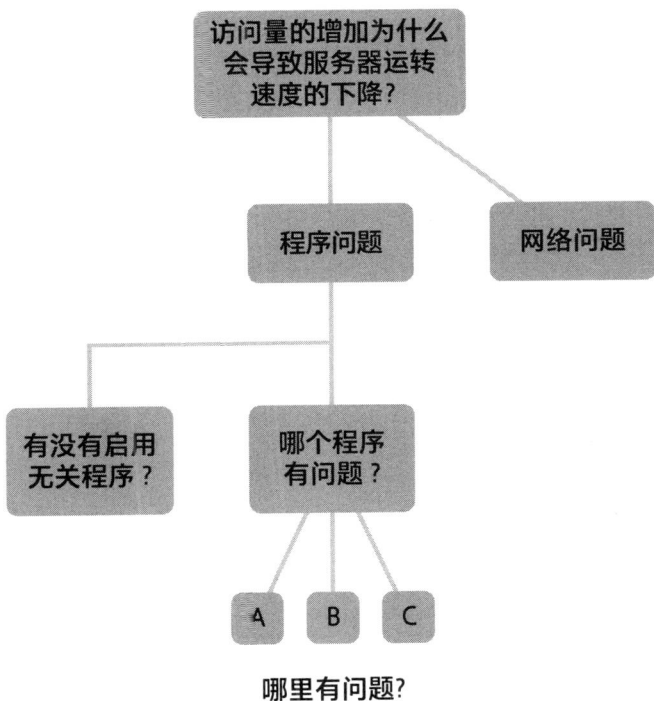

```
        访问量的增加为什么
        会导致服务器运转
        速度的下降？

    程序问题              网络问题

有没有启用        哪个程序
无关程序？        有问题？

              A    B    C
```

哪里有问题?

图 0-2　分解原因，确定问题

　　当时每天都是问题不断，需要我们不断拆分要素、发现问题并改正。这样的工作大概持续了 3 年。因此，我在不知不觉中养成了"通过分解要素找出具体问题"的思考习惯。从这些经验看，我认为"分解思维"是一种既简单又好用的工作方法，可以帮助我们迅速找到真正的问题、确定要完成的任务，并着手解决。

思维方式会改变人生

无论是工作还是人生，进展顺利的人首先能明白什么事情是重要的，然后从重要的事情开始思考，明确必须完成的任务，以最少的努力获得最佳结果。

从外部看，虽然进展顺利的人和进展不顺利的人都在处理工作，但实际有很大的不同。进展顺利的人会在最短时间内完成任务、达成目标，而进展不顺利的人会因为思维惰性只关注眼前的工作，二者的结果是截然不同的（见图 0–3）。

我们的目标：

· 合理分解真正重要的工作；

· 明确分工，由谁来做什么；

· 明确日程，今天、明天、一个月后、一年后，应该做什么、会有什么结果。

【 分解后的状态=好的状态 】

大目标

小目标　　　　　小目标　　　　　小目标

任务　任务　　任务　任务　　任务　任务

一个大目标被分解成多个小目标，为了达成这些目标，
设定了很多任务，再对这些任务进行取舍。

【 未分解的状态=不好的状态 】

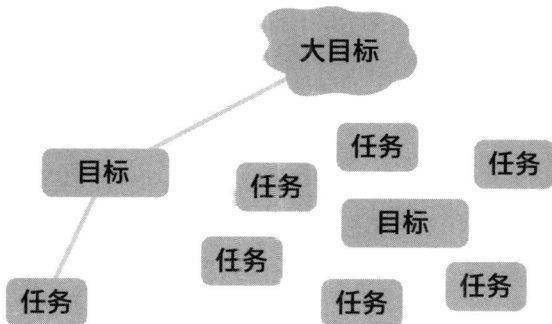

大目标

目标　　　　　　　任务　　　任务
　　　　　　任务
　　　　　　　　目标
　　任务
　　　　　　　任务　　任务
任务

一个大目标模糊不清，任务堆积如山，
无法明确地将任务与大目标联系起来。

图 0-3　分解后的状态和未分解的状态

以你今天要做的工作为例，你为什么要做这项工作呢？你能回答这个问题吗？

"因为是工作嘛""因为是上司交代的""因为是客户委托的"。这些话虽然没错，但这项任务是否与公司的大目标紧密相连呢？或者，你知道它与社会中的哪部分相关，能创造什么样的社会价值呢？此外，你能确定这项任务比其他事情更重要吗？如果答案是否定的，你的工作当然得不到回报，因为重要的事情你没有做。

进展顺利的人或团队中的一员，能够确信自己今天所做的工作与公司和团队的大目标紧密相连，而且，也明白它会给社会创造怎样的价值，反过来，这也能避免他们做无用功。这对于在工作中获得成就感、取得实际成果，也是非常重要的。如果你现在工作进展不顺，或者找不到工作的意义，那么首先请阅读本书第 2 章和第 3 章，重新审视自己的目标。

目 录

第**3**章 通过"分解思维流程图"实现自己的理想

第**4**章 工作中能用到的各种分解模式

附 录　提高思考清晰度的启示

结语 / 205

第 1 章

『分解思维』：
细分后再思考

"分解思维"有助于厘清工作重点

所谓"分解思维"，顾名思义，就是把事情细分成若干要素后再思考。通过"分解"，可以

· 提高清晰度；

· 明确问题点；

· 发现真正重要的任务。

"分解"的作用

"分解"有什么好处呢？首先，我想从一个简单的问题开始讲解。

例如，上司对你说："希望下一年度销售额翻倍。"

此时，如果只从字面上理解"销售额翻倍"的含义，你就不知道该从哪里着手，会觉得只要产品能卖出去就行，也就很容易盲目地开展销售业务。但是，如果分解并思考"销售额"的数字是怎么得来的，你就会发现（见图1–1）：

销售额＝客户数量（客户人数）× 客单价（每位客户一次购买所支付的平均金额）

图1–1　把模糊的指示分解成具体内容

这样我们就能明白该往哪个方向努力了，行动也会更具体。然后我们可以进一步思考改善哪个变量更容易实现目标，或者通过分工让员工各自提高销售额。

再举一个例子。假设公司营业部的新员工对你抱怨："总觉得工作进展有些不顺"。一般情况下，对方说"有些"的话，你是无法帮他分析和提供具体建议的。但是，如果你把这位新员工的"工作"进行分解，又会怎么样呢？

- 拉不到客户吗？
- 销售对象错了吗？
- 与客户面对面交流时沟通方法不对吗？
- 签约前的工作推进方式有误吗？
- 是以上某些原因综合导致的吗？

如图 1–2 所示，像这样对"工作"进行分解，就能厘清"有些"的问题到底在哪里。工作能力强的人都善于运用这种"分解思维"。特别是那些"清晰度高"的人，他们分解问题的精度很高。正因如此，他们才能选择合适的方法，高效率地取得成果。"清晰度低"的人与"清晰度高"的人的想法差异，如图 1–3 所示。

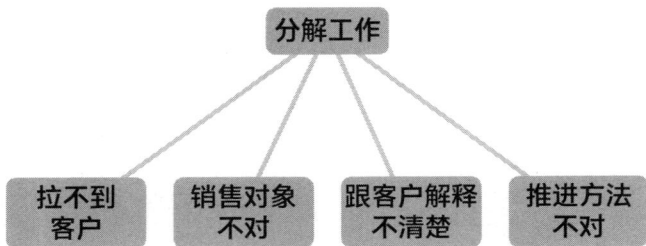

知道哪些地方不对，就能明确改善的点

图 1-2　分解"进展有些不顺"

＜清晰度低＞

"努力提高销售额！"

＜清晰度高＞

"为了提高客单价，应该采取这些措施。"

＜清晰度低＞

"总觉得有些不顺。"

＜清晰度高＞

"拉不到客户会不会是因为销售对象错了呢……"

图 1-3　"清晰度低"的人与"清晰度高"的人的思维差异

　　　　分解工作法　聪明人如何解决复杂问题

分解与逻辑思考

分解的过程也类似于我们平常所说的"逻辑树"。如图 1-4 所示，在逻辑树上，越往下，分解出的要素越多，事情的构成要素就越清晰、越具体。越往上，事情就越抽象，越容易出现上一层的"清晰度低"的观点。也许有人会说"我知道这个"，但很多人只是知道这个概念，却没有将它落实到具体的工作和每天的思考中。正因如此，他们总是烦恼不已，说话也含糊其词，最终导致沟通不畅。

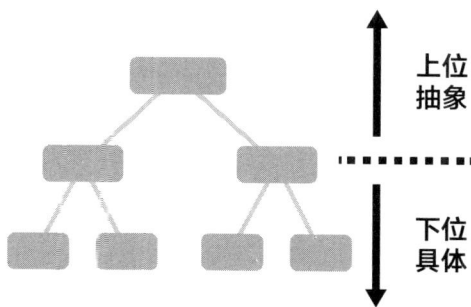

图 1-4　分解与逻辑思考

本书将通过介绍更简单的"分解"工作法，帮助大家在日常工作和职业生涯中遇到烦恼时，可以熟练运用这个卓有成效的思维方法。

"分解思维"好在哪里

以下是"分解思维"的优点。

·提高生产效率，不盲目努力，获得最佳结果

日本已经进入人口负增长时代，劳动力显然无法增加，因而国家和企业都开始关注生产效率。即使不增加人数，如果平均每个人的生产效率从 1 提高到 2，那么在人数相同的情况下，产量也会翻倍。这种提高产量的方式是合理的，并且已逐渐成为社会共识。

生产量 = 劳动力人口 × 人均生产率

如果想把生产量提高一倍……

生产量 × 2 =（劳动力人口 × 2）× 人均生产率→需要雇用新员工……

生产量 × 2 = 劳动力人口 ×（人均生产率 × 2）→提高人均生产效率

在这种情况下，分解思考可以提高生产效率，把时间集中在更重要的事情上。如果能充分运用"分解思维"，就能减少浪费，提高工作效率。顺便提一下，日本企业将进入重视"品质"的时代。在互联网诞生之前的传统制造时代，要在第二天立刻生产出今天 10 倍的产品数量是不可能的，但在互联网时代，信息很容易复制，因此第二天生产出今天 10 倍乃至 100 倍的产品数量就有可能。然而，要想实现如此大的销量，产品的"品质"是保证。因此，我们要尽量避免浪费时间，把精力和时间用在提高产品品质上。

·让模糊的指示变得明确，提高清晰度

例如，当被告知"这项业务进展不顺"时，我们是不可能明白该如何进行提升和改进的。此时，即使是上司也不可能对此提出有效的建议。然而，如果我们说"在整个业务流程中，这部分非常浪费时间，是个瓶颈，需要优化流程"，就能让对方明白接下来要完成的事情（见图 1-5）。

一般来讲，"工作能力强""头脑聪明"的人，会把问题分解成具体任务，并能明确表达这些任务。但要留意，当问题被分解得过细时，也无法准确传达问题的关

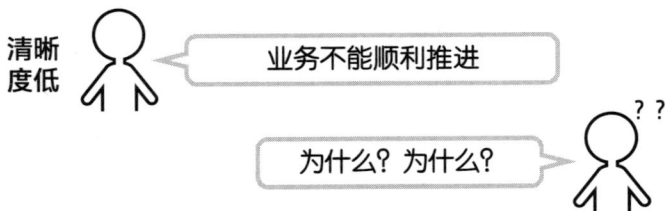

将业务流程分解为 A、B、C、D

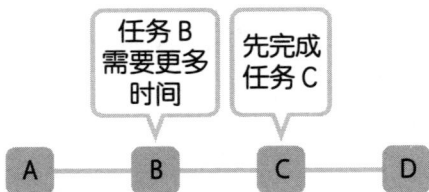

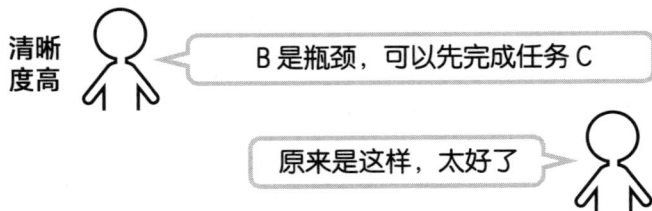

图 1-5 分解后更容易传达

　　　　　　　　　　　　分解工作法　聪明人如何解决复杂问题

键所在。因此，如果能根据沟通对象的情况进行分解说明，那么即使我们人为自己做的是同样的事情，周围人的看法也会改变。

· 对整体进行分解后，与不同的对象适当沟通

通过对整体运行分解，我们能根据沟通对象的情况明确应该传达的内容，交流也会变得顺畅（见图1-5）。例如，某连锁餐饮店的整体目标是"改善业绩下滑的现状"。公司调查了业绩下滑的原因，发现原因是相似业态的店铺增加，价格竞争激烈。因此，假设你是该公司的员工，通过思考客户在"价格"之外的需求，并提出"健康饮食"的理念，以期改善现状。这时，如果你只是告诉社长"虽然成本会增加，但这会增加蔬菜消费量""增加不含碳水的菜单"，社长是无法做出判断的。另外，如果你作为上司，对团队成员说"希望你们能改善业绩下滑的现状"，对方可能完全不知道该怎么做。

此时，如果把整体问题进行分解，就能知道，对不同的对象要用不同的说法。例如，对社长可以说："可以通过推出高单价的健康菜品，以实现同比销售额翻倍的目标。"对部长则应该说："①要开发丰富的蔬菜菜单；②要宣专"健康饮食"的理念，实现同比销售额翻倍的目标。"对其他员工应该说："希望你能想出一道单价更低、可摄入大量蔬菜的菜品""希望大家考虑一下，什么样的菜品可以宣传健康理念。"如果像这样采取不同的沟通方式，工作就能顺利进行（见图1-6）。

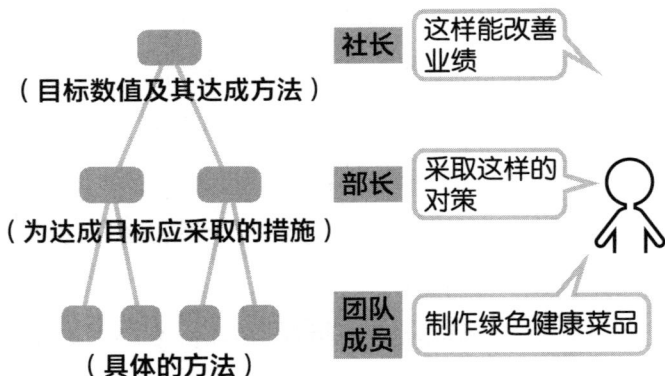

（目标数值及其达成方法）

社长　这样能改善业绩

（为达成目标应采取的措施）

部长　采取这样的对策

（具体的方法）

团队成员　制作绿色健康菜品

图1-6　针对不同对象用不同的方式沟通

· **为该做的事情打开思路**

以个体经营的点心店为例。点心店的整体销售额是由"销售数量 × 平均单价"来决定的。店家与其简单地说"提高销售额"，不如将其分解为"销售数量 × 平均单价"，这样就能明白下一步应该做什么了。

分解工作法　聪明人如何解决复杂问题

"销售数量"可以分解为"人数 × 购买次数 × 平均数量"。因此，若想要增加"人数"，很多人会想："通过社交网站吸引客户怎么样？""开展预售怎么样？"然而，如果对"人数"进行进一步分解，提高目标的清晰度，就能看清问题所在。例如，把"为自己购买"和"为他人购买"分开考虑会怎样呢（见图 1–7）？也就是说，"点心 × 自用""点心 × 馈赠用"。

如果客户只给自己买，那么大概率他们会每月 1 次，每次平均只买 1 份点心。如果能让企业客户购买点心用作商业馈赠，那么企业订购点心的次数和数量就会增加，假设每月购买 4 次（每周 1 次），每次平均购买 6 份，那么点心店每月就可能卖出 24 份点心。于是，销售数量就有了增加的可能。此外，"人数"还可以分解为"到店人数 × 购买率"（见图 1–7）。也就是说，我们还要思考进店客户购买的概率是多少。

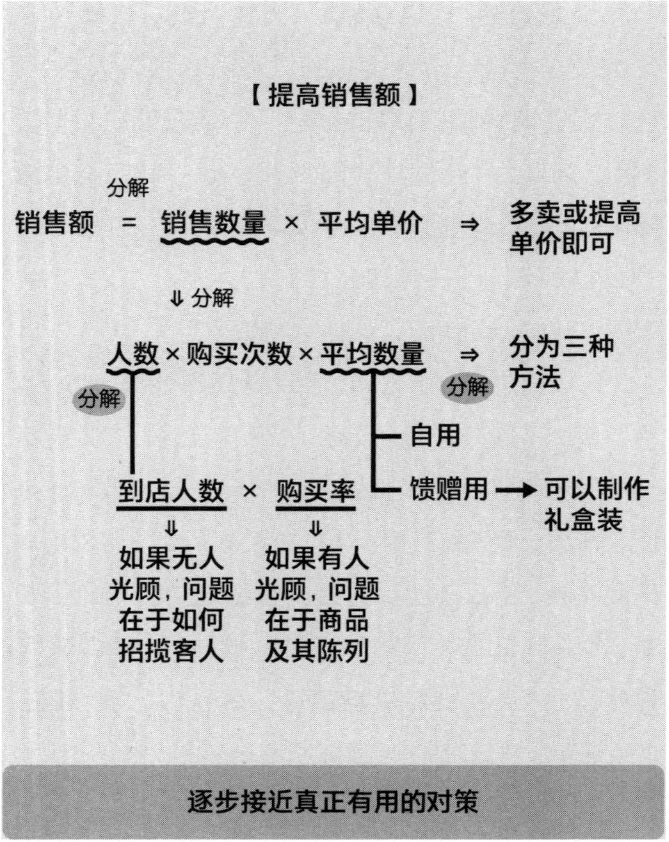

【提高销售额】

销售额 = 销售数量 × 平均单价 ⇒ 多卖或提高单价即可
　　　分解

　　　⇓ 分解

人数 × 购买次数 × 平均数量 ⇒ 分为三种方法
分解　　　　　　　　　　分解

　　　　　　　　　　　　├ 自用

到店人数 × 购买率　　　└ 馈赠用 → 可以制作礼盒装

⇓　　　　⇓

如果无人　如果有人
光顾，问题　光顾，问题
在于如何　在于商品
招揽客人　及其陈列

逐步接近真正有用的对策

图1-7　分解后思考所需的对策（个体商店）

将"人数"问题分解后，店家就能明白问题所在。如果到店人数多，但购买率低，那么可能是商品及其陈列有问题。如果到店人数少，那么其原因是"店铺虽然开在人流量大的好地段，但是客户进店的概率依然非常低，商品卖不动"还是"本来人流量就很少，所以卖不出去"？

如果只看销售额，是不可能明白下一步该做什么的。但如果把销售额分解为"销售数量 × 客单价"，店家就可以想到"增加销售数量"和"提高客单价"两个对策；进一步将销售数量分解为"到店人数 × 购买率 × 购买次数 × 平均数量 × 平均单价"5个要素，来提高分解清晰度，就可以进一步讨论如下影响因素："店铺前压根就没有客流，是不是店铺位置不好？""可能需要提高购买率？""能不能采取一些措施，让客户一个月多买几次？""店铺选址好、客流量大，销售不只考虑客户自用，改成6件装的礼盒会更好销售吧？"比起盲目地推出新商品或在社交网站上增加宣传，思考更具体且实用的销售策略，由此确定必要的对策，才是更精准有效地提升销售额的方式。

·通过分解问题，避免矛盾

分解问题的好处是既可以避免冲突，又能提出自己的观点。例如，就"怎样才能策划出畅销商品"这一问题，我们可以想象出公司内部讨论的场景。

当上司提出，"为了提高销售额，应该多做一些企划"时，若我们对这个意见不太满意，这时如果说"不，比起企划的数量，还是改变销售方式比较好"，就等于正面否定了对方的意见。如果上司性格比较冲动，就可能会引发争吵。然而，我们可以将对话分解为两个切入点。例如，我们可以说："关于企划的讨论已经很充分了，销售方法也可以讨论一下吧？"像这样来沟通，并没有直接否定对方对企划的讨论。以"有两个切入点，可以选择哪一个"的方式进行提议，对方也会淡化被否定的感觉。也就是说，这种沟通方式既能回避对立，又能扩大方案的可能性（见图1-8）。

无论做什么事，如果发展成双方争夺同一个箱子的情况，就会陷入意气之争；然而，当我们提议"这个箱子不是分成两个吗？""先讨论另一个箱子，再选择其中一个"时，大家都会觉得"原来如此，还有另一个箱子"，并开始关注我们提出的方案。不为了主张自

图 1-8　通过分解问题，避免矛盾

己的观点而去否定对方的观点，而是采用"分解问题后分为两种意见"的提议方式，这样更容易得到别人的认可。

·分解促进团队达成"共识"

还有一点。从团队的角度讲，对整体问题分解后，如果因此达成"共识"，讨论就会很愉快。假设在公司内部，B to B 的营销团队负责开发新客户，销售团队则负责提高签约成功率。在讨论销售额时，如果双方都各执己见，"营销团队不要提意见，要努力开发新客户""不，销售团队有工夫说闲话，不如努力提高签约成功率"，双方就都会心怀不满，难以展开沟通。

在这样的公司，大家都会在背后抱怨："问题是营销团队开发的新客户不行。""明明有了这么多新客户，为什么销售团队还不能签约呢？"进而，公司也就成了一盘散沙。但是，如果双方对问题分解后达成共识，然后对商品或服务单价进行讨论和有效沟通，就很容易确定共同目标。

谷歌的 OKR 与分解思维

谷歌等优秀企业采用的 OKR 工作法，与"分解思维"类似。OKR 是"Objectives and Key Results"的简称，意思是目标（Objectives）和为了达成目标而完成的关键成果（Key Results）。

稍微再解释一下，假设有一个目标是"建设更美好的社会"，针对这一目标，进而思考"为了实现建设更美好的社会的目标，具体要做到哪些呢？"由此就可以推导出关键成果。针对最初目标设定大约 3 个关键成果，而这个层级的成果又成为下一层级的目标（见图 1–9）。按照这样的顺序，把最初的目标分解成各项具体的行动方案，以达成关键成果，在完成各项具体成果后，总目标也就实现了。

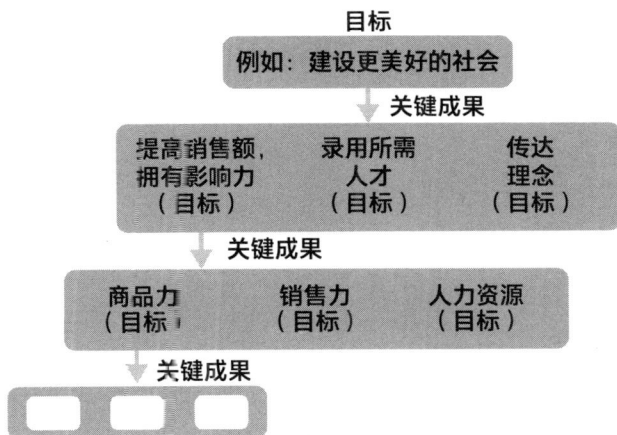

目标

例如：建设更美好的社会

关键成果

提高销售额，拥有影响力（目标）	录用所需人才（目标）	传达理念（目标）

关键成果

商品力（目标）	销售力（目标）	人力资源（目标）

关键成果

图 1-9　分解目标的 OKR

例如，如果"建设更美好的社会"是总目标，那么针对这个总目标就可以逐层拆分出以下关键成果：

"要想建设更美好的社会，企业必须完成这样的销售额才能对社会产生影响。"

"为了完成这些销售额，公司应该怎么做呢？"

"需要增加 20% 客户，再提高客单价。"

"为此应该做些什么呢？"

……

通过这样的分解，谷歌公司就给其全球的每一名员工都设定了目标。在日本，OKR 被误解为人事评价系统，实际上，OKR 原本是一种目标管理方法，经理的工作就是对员工个人的 OKR 进行评估，公司内所有的 OKR 原则上是公开的。

在达成目标的过程中，如果情况有所改变，每个目标自然也会随之发生变化。所以，谷歌公司的员工经常会在咖啡馆等地讨论"那个 OKR 不错，我们这个需要改善一下吧？"也就是说，谷歌已经形成了经常重新审视目标和成果的企业文化。

与之相对的是，日本的公司一旦确定了目标，员工就会持续不断地默默努力直至目标实现，这样的企业文化已深入人心。如果有人在中途提出"我们设置的目标和成果对吗？"这种问题，通常会被呵斥"你有时间考虑这个问题，不如多些实际行动吧！"实际上，这种做法虽然在过去取得了一定效果，但由于时代在发展，这种方法已经不适用了，如今的企业有必要在工作中对已决定的目标和成果进行重新审视。

如果上司要求"把本年度的销售额翻倍",你该怎么办

让我们从实践的角度思考一下。假设你现在是某网络媒体广告团队的负责人,上司提出"将本年度的销售额翻倍"的目标,数据如图 1–10 所示,你会从何处着手呢?虽然你内心觉得不可能实现这个目标,但还是想思考一些对策……于是,就有了以下各种想法。

"增加人手?"

"现在只做网页,是不是也该做流行的视频?"

"为了能更高效地制作网页,是不是应该添加一些设备呢?"

"干脆改变目标，做其他媒体营销吧……"

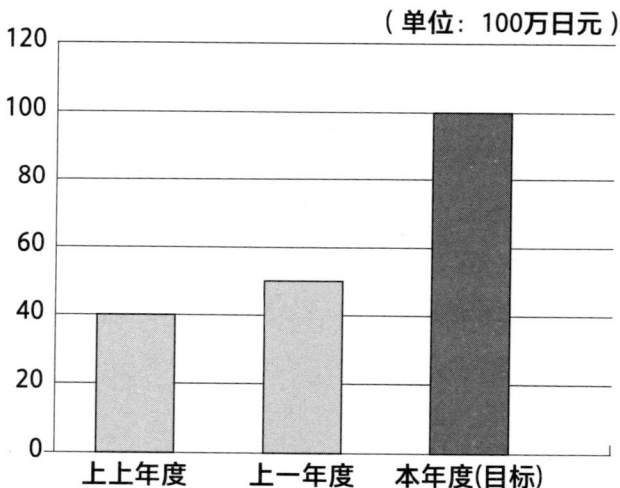

（单位：100万日元）

图 1-10　销售额目标

　　在与各类公司探讨时，我发现这些想法大多是臆想，很多时候只会白白耗费负责人的精力而无法落实。特别是，很多人会说："目标销售额翻倍，所以要再找两倍的客户进行推销，想办法达成目标""增加人手吧"。然而，这种策略真的可行吗？如果企业和个人抱有"不管怎样，先努力吧"的想法，那么无论目标有多

分解工作法　聪明人如何解决复杂问题

虚无缥缈，他们都只想靠所谓的"努力"来解决问题。实际上，这样做只会让公司及其管理者身心俱疲。增加员工需要耗费更多的人力成本，这样反而会离目标越来越远。

这时，首先要"分解"目标。在这个案例中，首先要对"销售额"进行分解（见图1-11）。前面提到，销售额可以分解为"客户数量 × 客单价"。那么，接下来我们分解一下为"增加客户"而要做的工作吧。销售负责人为了完成一项销售任务，首先会列出潜在客户名单，然后约见客户，给出方案，最后按照约定单价签

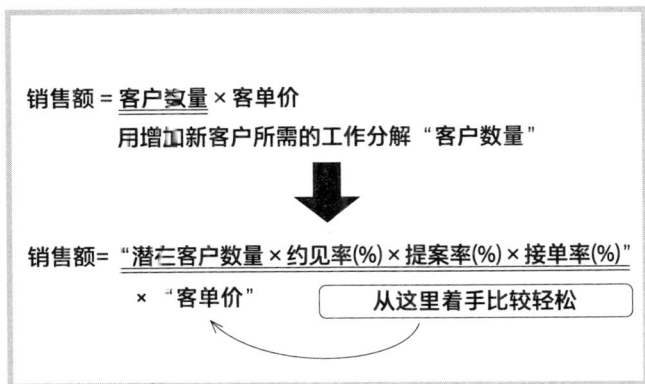

图 1-11 分解销售额

订订单合同。因此，销售额＝"潜在客户数量 × 约见率（％）× 提案率（％）× 接单率（％）"×"客单价"。

将什么因素翻倍更轻松

分解到此，我们应该将哪些单项提高到两倍，才能轻松实现销售额翻倍呢？因为是用乘法的形式来分解的，所以只要把某个单项翻倍，那么销售额就会翻倍。这时如果单纯只想着"首先要发展 2 倍的潜在客户"，就会很难。因为如果把潜在客户的名单增加一倍，就意味着预约次数会增加一倍，提案数量也会增加一倍，而现有的销售人员将无法应对如此巨大的工作量，那么公司就必须增加员工数量以完成任务。但如果招聘很多人，人力成本就会增加，最终即使销售额翻倍了，公司整体利润也会下降。

也就是说，如果一开始就想把客户量增加至 2 倍，那么后续工作将举步维艰。然而，如果考虑提高接单率和客单价，会怎样呢？在销售方案数量相同的情况下，如果使接单率翻倍或者客单价翻倍，那么销售额也会顺利翻倍。又或者，因为销售额是用乘法计算得出的，所以若将接单率提高至1.5倍，同时将客单价也提高至1.5倍，同样可以实现目标。这样一来，负责人在保持现有人员数量的情况下，就能实现销售额翻倍的目标。也就是说，真正应该做的是提高销售方案的质量，把接单率提高一倍，或者把客单价提高一倍，然后只要排除阻碍因素就可以了。

以上谈论的内容，实际上就发生在我的客户企业里。当我给那些对"必须增加员工""做其他媒体营销"感到犹豫的经营者讲了上述内容，他们也意识到"原来如此，这样我们也能办到"。最终，他们将客单价增加至3倍，接单率增加至1.5倍，与3年前相比，广告团队的销售额增加了3.5倍。而且，他们完全没有招聘新员工。

很多公司在努力实现大目标时，会尝试开发一些新项目，其领导团队应注意，不要一味地开发新项目，而应该排除现有工作中的阻碍因素，这样才能更轻松、顺利地推进工作。"分解思维"的好处之一，就是能帮我们找到解决方案，"轻松解决问题"。

巧妙分解的 6 个要点

1. 用乘法分解

进行问题分解时，我主要使用乘法的形式。使用乘法分解问题主要有以下 3 个理由：

（1）转换成数字，更容易接近目标；

（2）通过相乘发现意想不到的策略；

（3）能将模糊的标准分解成具体的要素。

以下依次对这 3 个理由进行说明。

（1）转换成数字，更容易接近目标

我认为工作目标大多可以用数值来表示。这时，比起加法"3+2=5"，只会增加需要添加的那部分，使用乘法"3×2=6"，实现成倍增长，更容易获得想要的结果。例如，在考虑"提高销售额"这个目标时，如果能将其分解成"客户数量 × 平均客单价"，就可以通过"客单价"翻倍或者"客户数量"翻倍，实现销售额翻倍的目标。

但是，有的销售负责人会采用加法——"A+B+C"的方式进行分解，那么即使 A 的销售额翻倍，整体的销售额也无法翻倍。

【乘法运算：客户数量 × 客单价】

10 人 × 50 日元 / 人 = 销售额 500 日元

※ 让客单价翻倍

10 人 × 100 日元 / 人 = 销售额 1000 日元

→销售额翻倍

【加法运算：销售员 A+B+C】

A 100 日元 + B 200 日元 + C 300 日元 = 销售额 600 日元

※ 让 A 的销售额翻倍

A 200 日元 + B 200 日元 + C 300 日元 =

销售额 700 日元

→ 整体销售额只是之前的约 1.17 倍

综上所述，在进行分解时，如果全部采用乘法分解，会更容易取得成果，尤其是想要用较少的努力取得较明显的效果时。

（2）通过相乘发现意想不到的策略

人们常提到创意方法，例如，将"对身体好"和"啤酒"这两个概念结合，研发出特定保健食品——无酒精啤酒饮料。这个产品的设计理念就是尽可能把不同性质、不同领域的事物相乘，找到极富创意的方案。

如果针对家电产品，可以考虑"家电 × 独居女性"的搭配，这样的组合"相乘"后，可能会使我们想到设计和功能上比较简单的家电系列。而如果将"家电 × 速度"组合起来，说不定就能想到专注于缩短运行时间的专业家电。特别是在做独特的"乘法运算"时，可能会产生意想不到的创意。

（3）能将模糊的标准分解成具体的要素

公司可能会对产品提出"提高质量"的要求，然而"质量"这个词让人捉摸不透，因此需要对"质量"进行分解。例如，在讨论本公司网页设计质量时，如果我们可以将其定义为"易懂"和"快速"，那么，在重新审视"易懂"的同时，我们就会明白：为了让浏览网站的人毫无压力地浏览网页，在速度上下功夫很重要。作为分解的着眼点，我们可以从以下内容考虑。

· 思考构成数字的要素，并逐一分解（分解构成要素）

例如：销售额 = 客户数量 × 客单价

客户数量 = 客户列表中的客户总数 × 约见率（%）× 成交率（%）

· 为了增加策略，尝试将各种要素相乘

例如：点心店销售的冰激凌 × 点心店玉米浓汤受

欢迎 = 玉米浓汤味的冰激凌

· 将抽象的东西具体化，更容易分解（朝着具体方向分解）

例如："有些不太对劲" → "所追求的品质是？" = 颜色 × 质感 × 整体平衡……

· 思考实现该目标所需的要素和过程（方法的分解）

例如：开发新客户的过程 = 客户列表中的客户总数 × 约见率（％）× 成交率（％）

· 思考问题点在哪里（分解对象）

例如：为什么完不成预算 = 销售的问题 × 公共关系的问题 × 商品的问题……

2. 回到上一层，思考整体情况

为了拓宽思路，我们需要掌握自己负责工作的整体情况，这点很重要。如果我们对整体情况进行分解，就会发现其实自己要做的只不过是整件事情的一个分支。

有时我们还会发现，从一个分支向上梳理，在其他分支上寻求解决方案，效率会更高。

例如，前面提到的销售额翻倍的目标，我之所以能意识到解决方案不是增加客户数量，而是提高客单价，正是因为回到了上一层思考：原本打算"增加客户数量"，但当我思考上一层"目标是什么？"时，发现了其他方案（见图 1–12）。

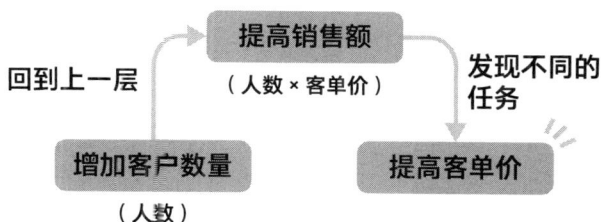

图 1-12　回到上一层，思考整体情况

如果没有分解思维的习惯，我们就只能在给定的条件下，按照固定的方式工作。特别是在日本的职场中，职员对解决问题这件事容易形成思维定式："用工作量解决问题""只要努力总会有办法的"。但是，如果我们能运用"分解思维"的工作方法，就可以追溯到问题的上游，从各种选项中重新寻找解决方案。如果我们能画出这样的示意图，在开会沟通时就会很方便。与会人员可以一边观察整体情况，一边讨论："问题经过分解后，我们也可以往这个方向努力。这样的话，双方都能更轻松地取得满意的结果。"这样既能避免不必要的对立，也能够从各选项中选择共赢的解决方案。

3. 不要分得太细

我曾经担任"数据营销人员培训讲座"的讲师，给那些想掌握数据分析技能的学员讲授分析方法。分析虽然有"分开比较"的意思，但不擅长分析的人总是把数据分得太细。例如，将公司的销售分为 100 个部分，只看其中一个部分，说什么"其中一个部分增加到200%（2 倍）！"。2 倍听起来好像很了不起，但从整体看，只是从 100 变成 101 而已。有人称"我的部门完成了双倍的业绩！"，但从公司整体看并没有多大效果，类似的情况有很多。

反之，善于分析的人会把公司的销售分为两部分（50 和 50），将其中一个 50 提高到原来的 150%（1.5

倍）。如果只看增长率，前者是 200%，后者是 150%，但是后者是从 50 变成 75，整体销售从 100 增加到 125。到底哪一方取得了成果，一目了然。

面对整体的问题，善于分解的人会问："从整体来看能增加百分之几？"所以，在分解问题后，应从效果明显且能马上着手的部分开始。相反，如果效果不明显，就放弃不做。重要的还是要对问题进行分解，以找出效果最显著的方法并付诸实施。

4. 拓宽思路、消除遗漏时，需要"反向思考"

要想分解问题后选择合适的对策，最好拓宽思路，多加思考、消除遗漏，从更广的视角自由选择，能提高成功的概率。为此，有必要消除不切实际的臆想，拓宽思路，增加选项，最简单的方法就是"反向思考"。这是我在思考的过程中养成的习惯。举个例子：

数字 ↔ 情感

短期 ↔ 长期

有趣 ↔ 稳健

从上述几组词语来看，与"数字"相对的是"情感"，与"短期（工作）"相对的是"长期（工作）"，任何事物都存在对立面。因此，对一直在谈论数字的人，你可以问："情感方面怎么样？"对方如果把重点放在短期工作，就尝试提问"长期来看怎么样呢？"以"相反，相反的相反，相反的相反的相反……"这样的方式思考，思考的范围就会越来越大。

例如，先从住在东京的单身人士的角度思考问题，再从住在地方城市的单身人士的角度思考问题，或者从住在东京的育儿人士的角度思考问题，然后进一步思考住在地方城市的育儿人士的视角。反向思考，思路会成倍拓宽。然后，在发现更多可能性的基础上，思考"如果可以自由选择，选哪个最有效"，就很容易得到最佳答案。

浅层思考和深度思考

我之所以会这样思考问题，也是因为年轻时的经历。我年轻时，每当上司问道："这一点考虑过吗"，我经常会吓一跳。例如，上司说"把这份资料做好"，然后我按照他说的去做，做完后提交给上司。这时，上司又会问"日程安排考虑过吗？""企划很有趣，但你考虑过成本吗？"对此，我的回答大多是"啊，没想那么多""没考虑过"。但被指出后，会觉得"确实，这一点很重要""遗漏了"，但不知为何，自己在准备资料时，却没考虑到这些情况。因此，我为与上司相比自己的思考过于肤浅而烦恼。于是，我一边工作，一边想着怎样才能像上司一样思虑周全。我很不喜欢，当上司问"你考虑过那个问题吗？"的时候，只能回答"对不起……"所以，我拼命思考怎么做才不会被问倒。

一开始，我努力想要了解上司关注的重点。在职场中，有的上司会关注交货期，有的上司会关注成本。只要抓住上司关注的重点，就能预先准备好容易被问的问题。但是，仅凭这些是无法应对意外提问的，这时可以采取的一个方法是，把上司关注的重点全部列出来。例如，如果被问到预算的问题，就把预算的所有项目填入检查表。如果被问到日程安排，就加上日程项目，如果被问到实现的可能性，就加上相关内容……像这样一一记录并制作检查表，能事先预想到上司可能的提问。

但是，我想，这样真的好吗？制作检查表并一一确认，并不是在用自己的头脑主动思考。即使不再被上司问倒，看上司脸色行事的工作方式也非本意。怎样才能主动思考呢？我希望通过提高自己的思考能力，不再被上司问倒。于是我才想到了"反向思考"的方法。例如，假设我想到了一个有趣的企划，在想出"有趣的企划"后，再想想与有趣的企划相反的是什么，就会想到"稳健的企划"，再进一步思考什么是稳健的企划，就会想到"遵守交货期""支出少""可行性高"等要素。如果在自己构思的有趣的企划案中加入"遵守交货期""支出少""可行性高"等要素，我的方案就不会再被上司追问，也更容易被采用（见图1-13）。

人们很难舍弃或改变自己构思的方案，一旦想到一个有趣的企划案，就会对它很执着，不愿再考虑其他方案。但是，我们也可以尝试思考与有趣的企划案相反的内容，从而找到更稳健的视角。将稳健的企划案进行分解，你会发现对有趣的企划案不可或缺的要素，再通过在有趣的企划案中加入必要的相反的要素，就能对最初的企划案进行深度打磨。

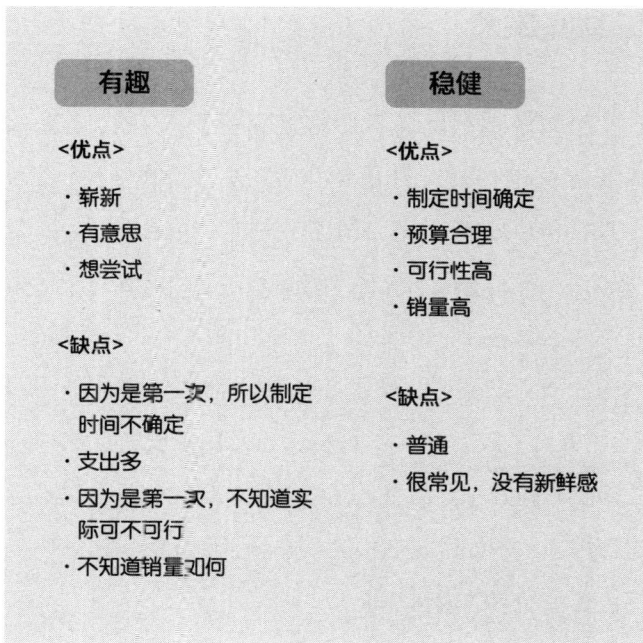

有趣	稳健
<优点>	**<优点>**
· 崭新	· 制定时间确定
· 有意思	· 预算合理
· 想尝试	· 可行性高
	· 销量高
<缺点>	
· 因为是第一次，所以制定时间不确定	**<缺点>**
· 支出多	· 普通
· 因为是第一次，不知道实际可不可行	· 很常见，没有新鲜感
· 不知道销量如何	

图 1-13　反向思考，拓宽思路

就这样，我学会了深度思考，被上司指出遗漏的情况也大幅减少。习惯这样的思考方式可能很难，但任何人通过不断分析，在纸上写下来，慢慢地都能学会反向思考。

5. 刻意放大

想要拓宽思路，不妨将视角扩展至社会意义和本质意义的广度，并重新审视它。例如，一家名为"KURASHICOM"[①]的公司正在策划"联合报道"。所谓"联合报道"，就是选取客户的商品，以"北欧生活用品店"为主题进行专题报道。"北欧生活用品店"的标题，能够让读者产生"商品适合家用""服务人性化"的印象。"联合报道"作为一种宣传方式由来已久。这种方式早就不新鲜了。但是，仔细想想，与其说是在对商品进行报道，不如说是在报道中展示了商品的用法、购买理由等消费者的内在需求。

因此，"联合报道"这一宣传方式的最大魅力在于，它是一种把握消费者心理的手段。"在制造商很难把握消费者生活和消费者所需的时代，消费者心理本身就具有很大的商业价值。"通过这样的思考，你会发现其价值发生了巨大的变化。"一篇报道花费300万日元"和

---

① 一家以"创造一种适合的生活方式"为使命，通过生活文化平台"北欧生活用品店"销售日常用品和服装，发行电视剧和电影等内容，并为企业提供营销支持的公司。——编者注

分解工作法　聪明人如何解决复杂问题

"把握消费者心理花费 300 万日元"，即使是同一篇报道，其价值也完全不同。

我认为，以后像这样重新认识并提高企业和商品价值的活动会非常重要。现在是物质过剩的时代，便利店里大量过期的寿司被倒掉的新闻年年不断，卖剩的衣服被丢弃也是如此。而人们对此似乎都已习以为常。这种量化生产、随意丢弃的状况，在关注可持续发展的时代依然存在。如果真的为地球环境着想，彻底"清算"制造业也是最好的选择，因为不制造任何商品对地球最友好。但是，消灭制造业在现实中当然是不可能的。

那么，商品生产者应该怎么做呢？只要提高商品价值就可以了。如果生产的商品不仅增加环境负担，而且只能带来少量利润，那么企业就会陷入负循环状态，即只能通过扩大产量来谋取薄利，而这种情况造成的影响是，产品卖得越多，环境负担就越大。反之，如果能最大限度地体现商品的价值，并提高价格，不仅能增加企业利润，还能通过生产少量精选的商品来降低环境负担。

日本企业应该采取相应措施，着力让消费者认同其品牌和商品价值，这是时代发展的必然。从

KURASHICOM 为制造商强调消费者需求以及相关报道中，我可以感受到其社会意义。

6. 梳理个人情绪

人们在沉没成本（无法回收的费用）的影响下，常常会做出错误判断，这被称为"沉没成本效应"（沉没成本谬误）。公司里也经常会有这样的想法："好不容易做到了这一步，应该坚持到最后。"大家集思广益，共同努力，即使中途发现进展不顺，也很难下定决心放弃。

但是，如果使用"分解思维"，就能使大家冷静地进行讨论。"客户还是没增加，即便再努力销售额也不会增加，还是放弃这个方案吧。""刚开始觉得还不错，但对客户数量和客单价都没起效，还是算了吧。"这样就能及时做出"停止"的判断。

我在做各类咨询时，经常会想："为什么客户要这么执着于做这件事呢？"问其理由，得到的大多是"因为去年决定了""因为和大家说好了"之类的回答，可见他们未能从有效性角度进行客观评价。在分解思考时，需要以事实为基础，聚焦于事情本身，人一旦在情绪上有所偏颇，就无法进行正确的分解。"我只考虑了客单价，完全没考虑客户数量。""要想提高销售额，只有提高价格。"人们之所以会产生这样的想法，是因为在思考时视野狭窄，固执己见。面对难以推进的问题，重要的不是自己是否想做，是否有所承诺，而是要正确分解问题，做最有效的选择，对于无效努力，要养成尽早放弃的习惯。

梳理情绪就能发现自己的偏执

为了正确地分解问题，我们需要先梳理自己的情绪，这个方法比较有效。"我是负责市场营销的，所以只能想办法吸引客户""我是负责商品开发的，所以必须考虑如何提高客单价"，当你只能像这样想到一种方法，想不到其他主意时，不妨试着分析一下自己提出的方案里有没有夹杂着个人情绪。

"这是根据个人喜好来考虑的吧？"

"有没有考虑过自己是否擅长？"

"有没有考虑过是否麻烦？"

如果我们像这样梳理一下自己的心情，就会发现自己思考时可能夹杂着个人偏好，有所偏颇，或者固执于某个方案（顺便提一下，不可思议的是谁都会有这种情况，请不要放在心上。我也有）。如果意识到自己的情绪影响了正确分解，就会容易拓宽思路。抛开自己负责的领域，市场营销负责人可以思考"会让很多人都想上传到社交媒体上分享的商品是什么呢？"商品开发负责人也能思考："为了提高客单价应该怎么做？"

通过对本书中所介绍的目标、期限、销售方法等因素进行分解，就能产生与自己的主观意志不同的更多想法。我自己也曾固执地认为"除了这个方法，其他的都不考虑"，但方案还是越多越好。为了拓宽思路，不妨试着梳理一下自己的情绪。

第 2 章

用『分解思维流程图』完成工作目标

"分解思维流程图"可以解决工作难题

　　在第 1 章中,我介绍了什么是"分解思维"。在这一章中,我想介绍一下它的用法。具体来讲,我想以如何解决工作中的问题、达成工作目标,以及如何实现个人的职业规划、目标为例对"分解思维"的应用进行说明。为了让所有人都能简单地操作,我设计了流程图,只要按照图中步骤进行,就能很快找到解决方案和达成目标的步骤。流程图由 6 个模块组成,我按顺序讲解(见图 2–1)。

【开始】

①明确问题和目标

无　　　　　　　　　　　有

②′充分发挥自己的才能、考虑各种可能性，制定目标

没有/没什么大不了的

②进行分解，将问题和目标具体化（到什么时候／由谁来做／得到什么结果／会有什么样的回报）

③这个问题和目标有解决和达成的意义吗?

有

④列举解决问题和达成目标所需的10个资源和条件（时间、成员、预算、技能、物资、信息、许可……）

⑤按照时间周期进行分解：需要在什么时间内完成哪些工作才能成功

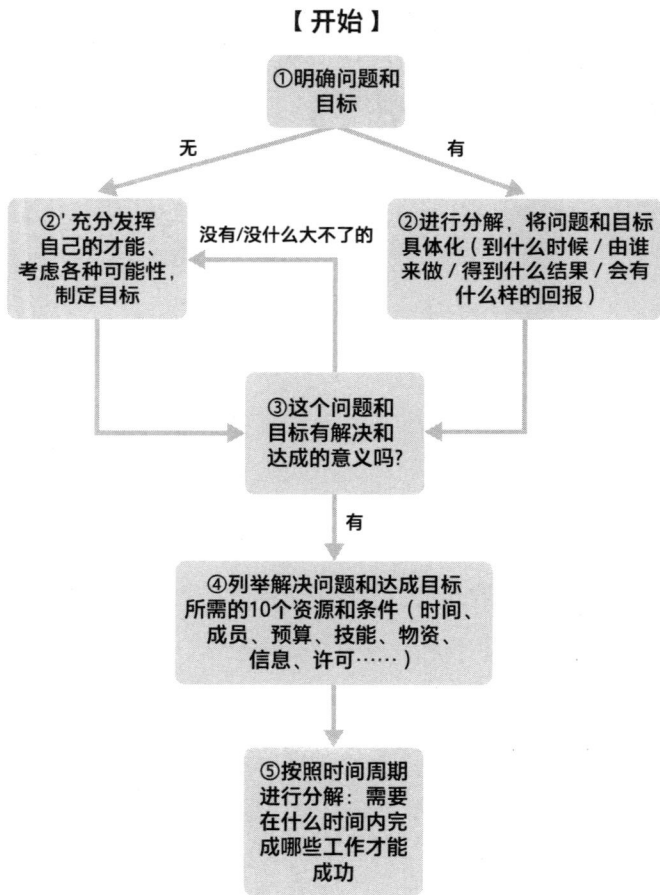

图 2-1 "分解思维"流程图【工作篇】

　　　　分解工作法　聪明人如何解决复杂问题

① 明确问题和目标

首先要确认当下是否存在问题和有无目标。为了慎重起见，在此需要明确一下"目的"与"目标"以及"问题"与"任务"之间的关系。

- **目的**：想要达成的事情
- **目标**：目的的数值化
- **问题**：进展不顺利的事情。理想状态与现状的差距
- **任务**：为了解决问题而采取的具体行动

例如：

- **目的** 解决全球变暖问题
- **目标**：13 年后将温室气体排放量减少 46%。为此，我们计划每年削减 5% 的排放量
- **问题**：去年只削减了 3% 的排放量
- **任务**：鼓励人们更换电动汽车，减少排放量

即使存在某个问题或目标，但如果我们无法理解是否真的存在问题，或者是否缺乏真正的目标，就需要从重新找准问题或目标开始。

② 进行分解，将问题和目标具体化

对于"提高销售额"或"总觉得进展不顺利"这样模糊不清的目标或任务，首先要明确：在什么时间，由谁（或哪个部门）做什么工作，应该取得怎样的结果。请用"分解思维"将这些内容具体化。

②′ 充分发挥自己的才能、考虑各种可能性，制定目标

在没有任务或只能想到一些小目标的时候，就需要我们充分发挥自己的才能、考虑各种可能性，制定大的目标。这点非常重要。在制定目标时，很多人一开始总会受困于个人视角。感到"今天累了，先放松一下"，这样就只考虑到如何消除眼前的问题，其结果就是无法拓宽思路。

③ 解决和达成②的问题和目标有意义吗

为了一些未必真正有意义的问题或目标而浪费精力的情况也不在少数。在这种情况下，不妨重新制定"有意义"的目标。

④ 列举解决问题和达成目标所需的 10 个资源和条件

所谓资源，是指自己、公司可以使用或借用的，如人才、资金、不动产、物品等。并不是所有的事情都要靠自己个人的能力和努力来获取，先考虑达成目标需要的是哪些资源。

如果凑不够 10 个资源和条件，则可以通过反向思考寻找新视角。

⑤ 按照时间周期进行分解：需要在什么时间内完成哪些工作才能成功

此时，问题和目标已经很清楚了，我想大家也已经知道了应该怎样做才能达成目标，接着按照时间顺序把这些事项罗列出来，并按照时间进行分解，明确实现目标的过程。下面我们来看一个具体的例子。

　　　　　　　　　分解工作法　聪明人如何解决复杂问题

工作篇：如何完成
"销售额翻倍"的目标

在公司，很多时候都是由上级向员工下达目标和任务。让我们来思考一下这样的案例。

① 明确问题和目标

B 在销售部负责销售面向法人单位的网络服务。作为团队负责人，他制定了销售额比上一年度翻倍（1 亿日元→2 亿日元）的目标。如果 B 连续两个季度都达成目标，就可以加薪。B 很想完成目标，但又很担心在 6 个月内能否招揽到足够达成目标的新客户。

② 进行分解，将问题和目标具体化

为了将销售额提高到 2 亿日元，B 首先要明确"销售额的构成"。销售额可以分解为"客户数量 × 客单价"。进一步对"客单价"进行分解，可以将其分解成两部分："高单价的项目"（500 万日元）和"低单价的项目"（100 万日元）。

为了用最短的时间创造 2 亿日元以上的销售额，此处不妨先设定最少的客户数量，也就是完成 40 个 500 万日元的项目，这样是最快的。但是，B 在这个阶段可以先不急于下结论，暂且把它作为一个选项，再考虑其他可能性。为了提高清晰度，接下来对"客户"进行分解，这样，B 就不仅可以把产品卖给新客户（客户清单上所列的潜在客户），还可以考虑让老客户再次购买。也就是说，B 可以把"客户"分为"新客户和老客户"进行讨论。据此，B 还可以画出"高单价—低单价""新客户—老客户"的四象限图（见图 2–2 ）。

接下来，B 可以试着写出符合"高单价 × 新客户""高单价 × 老客户""低单价 × 新客户""低单价 × 老客户"四个象限的客户分别有几家，然后思考哪个象限

图 2-2 单价和客户的四象限图

中的客户可以最大限度地扩大销售额。"老客户 × 高单价"似乎不错，但符合这一条件的客户太少，所以只增加这一项所能提升的销售额是有限的。如果是这样，那么拜托高单价项目中的老客户介绍他们公司其他部门的意向客户，会怎样呢？

通过这样的讨论，B 就能制定出"高单价发展几家，低单价发展几家，以及分别如何发展"等具体目标。如果你不擅长从不同视角思考，就可以尝试上文提过的"反向思考"：提到高单价，就会想到与之相反的低单价。如果讨论的是新客户，也可以反向思考，提出"把老客户也纳入选项中比较好"，这样也更容易拓宽思路。除此之外，日程还可以分为"紧急日程"和"一般日程"，"资金"也可以分为"节约型"和"大量投入型"等选项。这样，在扩大选项的基础上思考具体行动，B就能做出更好的选择。

对自己的工作负担不要过于乐观

在决定实现目标的手段和方法时，请记住："对自己的工作负担不要过于乐观。"我们在应用"分解思维"后，或许会发现"用这个方法可以更有效率地达成目标"。

但是，很多时候尽管方法确实高效，做起来却很难，有时我们还会发现自己并不擅长该方法，而勉强去做自己不擅长的事情是不会顺利的。如果遇到"完成目标需要 3 个高单价订单和 1 个低单价订单，但自己更擅长与高单价客户交流"的情况，那么你也可以选择去完成"高单价 ×4 个订单"。

人的精力和时间并不是无限的

此外，在制定方针和日程时，人们往往会以为实际工作的人的精力和时间是无限的，但事实并非如此。我们常常是干劲十足地制订了过高的计划，结果却无法按照计划进行。如果不考虑计划"会给自己带来多大的负担"而盲目推进，则往往持续不了多久，计划也会以失败告终。如果觉得"好像有点费力"，那么最好还是遵从自己的直觉，暂缓推进计划。

我再重复一遍，在需要做出这种判断时，如果立刻产生"总之要努力""没办法，只能努力了""这样下去无法达成目标、所以要增加员工"的想法，是很危险的，结果只会让利润越来越薄，计划也会走向完全错误的方向。可以说，这种想法会直接将工作引向"地狱"。

另外，以个人为例，相对于正式职员的收入情况，自由职业者的月收入和年收入与其销售额直接相关。也就是说，提高收入的计算公式是"时间×单价＝收入"，提高收入的方法可以是增加工作时间，或者是提高单价，你可以选择其中一种。虽然两个选项都可以选择，但很多人都会选择增加工作时间。然而，无论是企业正式职员还是自由职业者，都有很多不给自己增加负担就能解决问题的方法。例如，可以提高单价，确切地说，如果自由职业者不通过提高商品和服务的质量来提高单价，迟早会陷入窘境，这是很显然的。

另外，解决问题但不给自己增加额外负担，在个人规划职业生涯时也非常重要。例如，在换工作时，"卖50万日元广告的销售员""卖500万日元广告的销售员"和"卖5000万日元广告的销售员"，三者相比，谁的市场价值更高是显而易见的。在人力市场中，比起盲目拼命销售50万日元广告的销售员，更被需要的是能高效销售5000万日元广告的销售员。

尽管如此，公司是不会考虑员工的市场价值的。公司的真实想法是"不管怎样，我需要提高销售额"。你的职业生涯只能由你自己考虑。在考虑职业生涯时，重要的是要认识到，"要求将50万日元的广告费增加到两倍的公司是没有未来的，所以应该去单价高的公司做价值高的工作"。

至少，当公司下达"销售额翻倍"的要求时，不要只是一味服从，而应该问"为什么要做""具体怎么做"，如果不能接受上司的指示，就提出自己的观点。例如，"让每个人加倍努力的方法行不通，与其这样，不如开个学习会，让大家一起拿到高单价的项目，或者去拜访高单价的客户。"至少，要强化这样的观点——"效率这么低，不做也可以""有没有其他更高效的方法"。

③ 解决和达成②的问题和目标有意义吗

在这里，我们需要重新审视这个问题和目标是否有解决和达成的意义。为此，要考虑一下解决问题、达成目标后的事情：解决了这个问题，无论企业还是个人，都获得了期望的结果了吗？

B 有一个明确的目标，就是升职，如果这就是 B 对自己的期望，那就可以说是有意义的。

④ 列举解决问题和达成目标所需的 10 个资源和条件

为了解决问题和达成目标，我们还要列举必要的10 个资源和条件。所谓"资源"，是指实现目标所需的时间、材料、人员、能力、资金等所有要素。具体而言，需要明确包括以下内容。

"需要哪些成员？"

"需要多少人？"

"需要具备什么样的能力？"

"哪些方面必须得到上司和同事的配合。"

……

或许有人会问："我能列举出 10 个吗？"但是，如果先找到一个要素，再像刚才那样去寻找"相反的要素"，或者由此联想到"其他要素"，你就不会觉得那么难了。例如，考虑工作日程的"其他要素"时，如果你能反向思考"哪些不是日程内容"，就会想到"人"这个要素。然后，思考与"人"这个要素相反的是"资金"，与"资金"这个要素相反的是"设备"，与"设备"这个要素相反的是"制度"……按照这样的方法，我们就可以拓宽思路，并在这个步骤中进行资源管理和行动管理。

⑤ 按照时间周期进行分解：需要在什么时间内完成哪些工作才能成功

决定了资源和条件后，我们就要按照时间分解"需要在什么时间内完成哪些工作才能成功"。也就是说，制订行动计划，具体实施已经确定的各项工作。例如，如果我们设定一年后完成目标，则可以将其分成以 3 个月为单位的 4 个阶段，或者以 1 个月为单位的 12 个阶段，以这样的方式推进前文所述的资源和条件的配置。以公司来说，既可以每 3 个月均衡配置一次，也可以在前 6 个月把精力放在招聘和员工技能提升上，后 6 个月进行集中配置。这就是你的战略和计划。

例如，这一次的目标是用 4 ~ 9 月共 6 个月的时间来完成，我们就可以以两个月为单位事先做好规划。团队成员应在最初的两个月，分头去向 120 名高单价潜在客户推销，接下来的两个月与高单价潜在客户洽谈的同时，向 160 名低单价潜在客户推销，用最后的两个月对不足的部分进行补足（见图 2–3）。

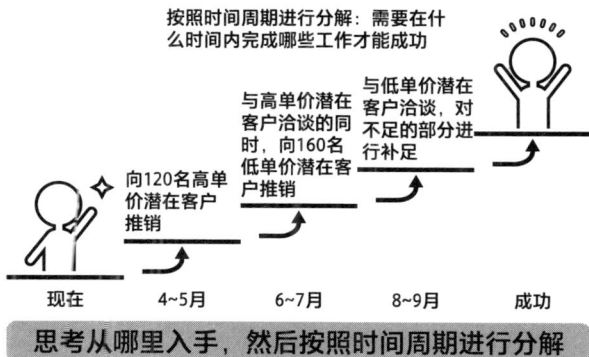

图 2–3　按时间周期进行分解

实际行动后，团队成员还需要再回顾一下计划，因为计划不可能一开始就很顺利，所以要一边回顾一边重新评估该计划。我将以上流程归纳如图 2-4 所示。

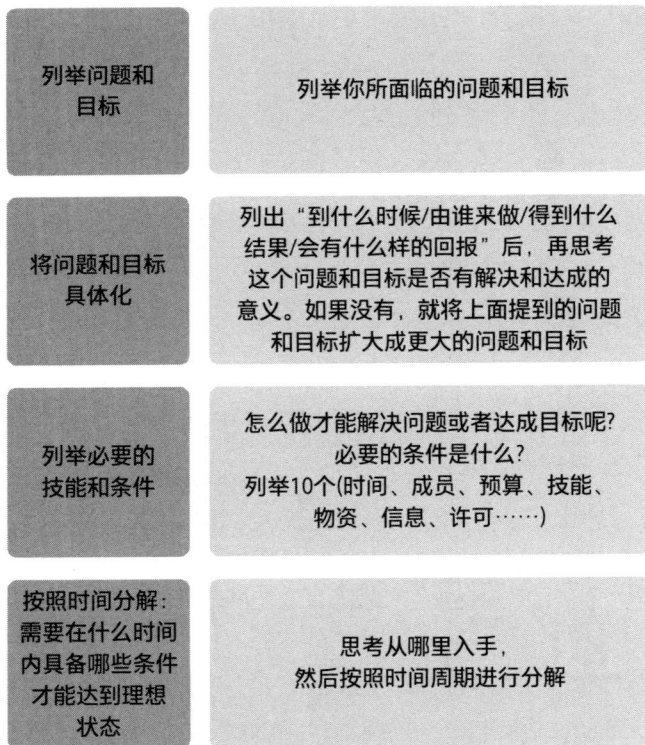

列举问题和目标	列举你所面临的问题和目标
将问题和目标具体化	列出"到什么时候/由谁来做/得到什么结果/会有什么样的回报"后，再思考这个问题和目标是否有解决和达成的意义。如果没有，就将上面提到的问题和目标扩大成更大的问题和目标
列举必要的技能和条件	怎么做才能解决问题或者达成目标呢？必要的条件是什么？列举10个(时间、成员、预算、技能、物资、信息、许可……)
按照时间分解：需要在什么时间内具备哪些条件才能达到理想状态	思考从哪里入手，然后按照时间周期进行分解

图 2-4 解决工作问题，达成目标

　　　　　　　　　分解工作法　聪明人如何解决复杂问题

大部分商务人士都可以完成这些流程。但是，大多数人并没有深入思考最初的"目标"，只是觉得"必须提高销售额""不行动就什么都没有"，一味地采取推销眼前商品的行动。这类行动实际上效率极低。这样做，很有可能目标还未达成，截止日期就到了。但是，当你意识到自己所卖的商品实际上有两种单价，并且有你擅长销售的商品时，思路就会拓宽。

"销售高单价的商品会更顺利。"

"不，那就不要卖300万日元的商品，干脆卖1000万日元的商品吧？"

"我擅长卖100万日元的商品，如果卖50万日元的商品，可能会卖得更多。"

考虑好之后，接下来就是落实了。只要想好"从什么时候到什么时候及怎么做"，然后付诸行动就可以了。

团队负责人更需要"分解思维"

"分解思维"这种思维方式，尤其对团队负责人来说是必需的。在日本的职场中，对于上级下达的任务，下属必须思考，这是文化使然。但是，我希望上司不要只是下达工作目标，而应该像专业人士一样思考目标实现的过程。

当下属问："虽然下达的目标是 1000 万日元，但我还是想挑战 2000 万日元，怎样才能做到？"此时，如果上司能运用"分解思维"与下属进行如下的对话，是最理想的状况。

"现在高单价商品和低单价商品，哪个卖得更好？你更擅长哪个？"

"我比较擅长销售高单价商品，但是会花一些时间。"

"为了缩短时间，怎么做才好？试着把销售商品的步骤分解一下？"

另外，据说谷歌以"一对一会议"的方式，每周或至少每月 2 次的频率回顾团队成员的工作流程。正因如此，谷歌的员工才能更灵活地评估目标，做出成果。

无法接受上级下达的
目标时

　　在图 2-1 所示的流程图中，还有一个部分没有被提及，即在思考"是否有解决的意义"时，答案是否定的。你有没有遇到过这样的情况：虽然上级下达了任务和目标，但你无法完全接受。或者，作为负责人，你不能很好地为团队制定任务和目标，只能沿袭去年的目标。此时，我认为可以将去年的目标转换成更有效的目标。

　　例如，上级对设计网站的团队下达了"每周提交12份（4人×3篇），每月提交48份团队企划案"的目标，因为上级假定：如果每个人都能每周写出3份企划案，或许就能"养成思考习惯"。但是，作为下属的我们思考这个目标是否有意义时，总觉得有点"别扭"——"这个真的是必需的吗？"此时，我们就试着分解一下感到"别扭"的原因。从"为什么""怎么做""做什么"的视角加以考虑就可以了。例如，可以试着从以下角度思考：

- 真的需要这个吗？
- 达成这个目标会怎么样？
- 没有其他方法了吗？
- 为什么是这个方法？
- 这么做真的能达成目标吗？
- 光是现在的工作就已经很辛苦了，这个工作必须做吗？
- 这个目标解决了什么问题？

分解到这里，就会发现一个问题——我们没有找到这么做可以达成的目标，如图 2-5 所示。因此，我们应该回到上一级，确认更上一级的目标。直接询问上司没有什么不好的，不妨直接去问。

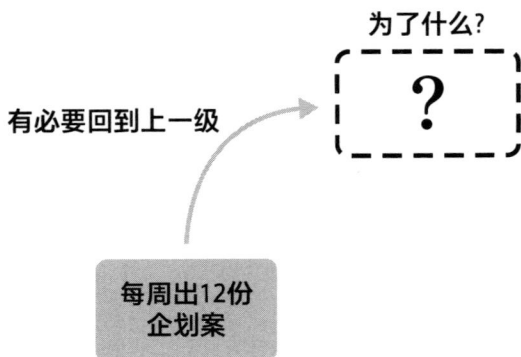

为了什么?

有必要回到上一级

每周出12份
企划案

图 2-5　弄清楚"为了什么"

将"感官标准"转化为"数字"

现实中，如果团队成员对计划缺乏思考，盲目行动，就会出现"提交了很多企划案，从中选出好的""总之想要增加数量"等混乱的情况。相反，团队成员可以采取"反向思考"的方式甄别劣质企划案，从而舍弃这一类方案。如果想要推出"好企划"，就要分解"什么样的企划才是好企划"，并思考推出企划所需的方法。此时，团队成员不要说"很感动""很酷"等个人感受之类的话，用数字表示会更容易展现结果。

如果我是当事人，就会问上司："给 100 万人看的企划案和给 10 万人看的企划案，您想要的是哪一个？"因为对"拿出 1 份吸引 100 万人的企划案"和"拿出 10 份吸引 10 万人的企划案"来说，"好"的标准是完全不同的。

如果是为了推出一份能吸引 100 万人的企划案，那么我们需要讨论的就不是增加企划数量，而是如何提高企划案的质量。在讨论如何提高企划案的质量时，又有必要对"什么是质量"进行分解。如果是我，我会说："我认为质完全重于量，所以在提交企划案之前，大家应该先研判一下什么样的企划内容会大受欢迎，这才是最有效的第一步。"

此时，能吸引 100 万人的企划案的参考提案可以分解为"为什么这个企划案能吸引 100 万人？""为了制作这个企划案应该做些什么？"（请参考第 4 章"分解进展顺利的原因"）。像这样，回到最初的目的，仔细分解后，目标就不再是"每周出 4 个企划案"这样简单、以量取胜的措施，而是"留出调查的时间""注重照片的质量"这样提升质量的措施。

另外，如果目标是"为了做出 20 个吸引 10 万人的企划案"，则起码需要 20 个以上的企划案。从过去的业绩看，如果成功率约为 50%，精确地讲可能需要 40 个企划案。所以，就会产生"企划案数量不够吧？有没有更容易制定企划案的方法"这样更能提高效率的提案。

哪个更容易做

大家一定要注意的是，作为工作团队的一员，我们不要只是单纯地听从上司的指示，而应该主动思考"以我们部门为例，吸引 100 万人的企划案和吸引 10 万人的企划案，哪个更容易做？"从而找到更好的方向（改变上一级的目标）。

公司的目标基本上都是上司制定的，上司的目标也是更高层下达的，所以很多人都没有机会问"为什么制定这个目标呢？"他们不会提出更好的目标，只是相信上级下达的目标是正确的，总是基于"上级交代的事情是对的""上级交代的事情一定要完成"这样的想法盲目努力。但是，我们冷静思考一下，如果 1 个吸引 100 万人的企划案和 10 个吸引 10 万人的企划案的整体效果相同，那么选择哪个都可以。回到上一级，对问题进行分解，就会产生更多的选项，只有这样，我们才能做出更好的选择。因此，理想状况是无论面对什么问题，都能保证有两个以上的备选项，然后从中选择一个更好的。

顺便提一下，如果 1 个吸引 100 万人的企划案和 10 个吸引 10 万人的企划案的整体效果相同，那么我会向上司提议"1 个吸引 100 万人的企划案更具影响力"，也就是选择能更快达成的那个。而从个人职业生涯的角度出发，以"我想成为成功的企划案策划人"为目标，我们也应该选择能吸引 100 万人的企划案。再强调一次，公司不会替你考虑你的职业生涯，我认为判断好的企划案的标准是提高团队成果和个人市场价值。

当没有问题或找不到问题时，如何思考

　　我们可能也会面临这样的情况：工作中根本没有需要动用"分解思维"解决的问题，本来部门就小，公司也不怎么看好，每天无所事事，得过且过。例如：

　　　　"不是没有工作干劲，只是公司没有安排特定的任务。"

　　　　"我在负责接电话的小组，在公司里，我们部门不被看重，所以上司也没指出什么问题。"

　　但是，我认为任务和目标都定得越大越好。人如果受困于较小的个人视角，就只能思考短期且影响力小的工作。

从小视角思考，也不会取得大的成果，不仅如此，还有可能对行业和社会造成不好的影响。

低视角的目标甚至会影响职业生涯

以网络广告为例，当你打开某个网页时，有时会突然弹出广告，当你想看一篇报道，上下滚动鼠标时，却无意中点击了广告。看了垃圾广告的人，会对广告产生厌恶感。本来，网站不必通过如此刺激人神经的方式，也能通过广告传达相应的信息。但是，有一段时间，很多网站急于求成，便制作了很多令人生厌的广告。

确实，从短期看，误点广告的用户增加了一倍，广告的销售额也会增加一倍，也有公司通过这种方式短时间内提高了销售额。但是，在销售额翻倍的同时，用户感受到的"麻烦、讨厌"的情绪也增加到两倍以上。结果，越来越多的人觉得"这个网站太烦人了，不想再登录了"。从长期看，浏览这个网站的人会变得越来越少。这时即使匆忙改进广告样式，也于事无补。由于广告从业者从个人角度、事业角度等低角度不断追求利润，导致广告行业的整体形象降低。后来，广告界开始呼吁——"应该致力于数字广告的健康发展"，由于加强了对违法广告的监管，因此上文提到的那些制作"烦人"广告的公司的销售额大幅下降。如果能够一开始就从行业、社会影响等更高的视角定位"广告"，思考"怎样才能制作出不让人讨厌的广告""怎样做才能让用户看了广告后觉得商品'有用'"，就能做出广受好评的广告了。

但是，如果经营者只局限于自己的公司和事业的视角，以"我们公司就是这样，所以没办法"的态度应对工作，则会被业界和客户否定。务实的员工也会跳槽到其他公司，最终导致公司破产。员工还可能会在换工作时被问到"你在那么差的公司工作过？"这样也会给员工的职业生涯带来负面影响。

看到这里，我想大家应该能明白提高视角的重要性了。将个人视角提升一个层级，就能从发展事业的视角来考虑目标，进而产生如："增加这个业务的销售额""提高团队的成果"等想法。再提升一个层级，就是公司视角，"让这家公司成为业界第一""把本公司的

市场占有率提高到 × ×%"等，只要是经营者，平时都
会站在公司角度思考问题。而比公司视角更高的是行业
视角，即"让自己所在的行业成为对社会有用的行业"。
最上层的视角是社会视角，思考的是"怎样才能帮助更
多的人"（见图 2-6）。所谓社会视角，简单来说，可以
说是埃隆·马斯克（Elon Musk）式的视角。马斯克之
所以创立特斯拉，是因为他认为如果燃油车继续增加，
地球环境的恶化将不可避免。也就是说，他是从拯救人
类和地球的角度发展事业。

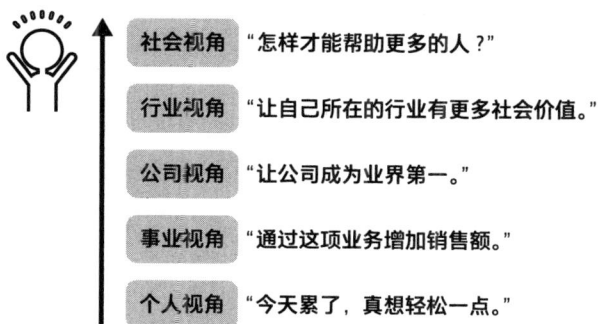

社会视角	"怎样才能帮助更多的人？"
行业视角	"让自己所在的行业有更多社会价值。"
公司视角	"让公司成为业界第一。"
事业视角	"通过这项业务增加销售额。"
个人视角	"今天累了，真想轻松一点。"

思考时视角越广，收获越大

图 2-6　理想和目标越大越好

每个人都是社会的成员，社会视角与个人视角息息相关。也就是说，提高视角思考问题，最终也会让自己受益。只要提高视角，就有可能对公司和整个行业做出贡献，对社会产生积极影响。即使各位读者现在只是公司中的普通职员，我也希望你们能站在项目负责人的角度、公司社长的角度、行业角度、社会角度来思考应该做什么。提高视角，能帮助你从长远、宏观的角度考虑问题，而你最终也会成为社会所需要的人。

可以逐级提高视角

虽说是要提高视角，但一下子就上升到社会视角，会让人觉得门槛太高，或者不切实际。基本上，在公司工作的人，选择只提高一级的视角会比较容易。如果你是团队中的一员，可以试着改变视角，思考"团队负责人是怎么想的"；如果是团队负责人，试着思考"社长是怎么想的"。建议大家先站在比自己更高一级的角度思考问题。

更简单的是，公司职员可以用"这种做法不会让用户生厌"的标准来思考问题，这也是一种优秀的社会视角（如果你有这样的意识，前述的弹出广告应该就不会出现）。我们在提高视角时请保持这种坦诚。

从个人层面追求理想

另外，找到你所从事的领域的成功者，将其作为榜样，这点也很重要。例如，如果有人不喜欢客服接待工作，我会对他这样建议："虽然你们公司的销售能力强，客服工作不受重视，但也有与你们公司情况相反的公司，客服团队比销售团队更强。例如，知名服装销售公司 Zappos。在这样的公司里，像你这样的客服人员是大家都向往的，拿着工资做着有意义的工作。"

"如果想在这样的公司工作，就以跳槽进去为目标吧。为了在下一个公司大展宏图，你在现在的公司能做的有哪些呢？"于是，你可能会开始制定这样的目标："跳槽时拥有亮眼的业绩""具体来说就是 3 个月后的客户满意度调查中，客户反馈'非常好'的比例达到80%。"再列举达成目标所需的资源和条件。例如，你可以将提高客户满意度的因素分解如下：

·马上接电话；

· 让客户轻松理解自己说的话；

· 应对迅速；

· 能马上解决客户的问题。

为了实现这个目标，你应该怎么做呢？

· 举办学习会，创设向优秀客服学习的机会；

· 每周商讨团队的疑难案例，共享信息；

· 针对投诉较多的案例，向相关部门提出改进建议。

    然后，你就可以决定日程安排，推进以上工作。如果按照这样的流程思考，你的工作方法就会发生改变。

    在公司工作，必然会优先实现"公司的目标"。但是，更重要的是坦诚地追求个人的职业理想。为什么呢？因为做某件事的能量只能从自己身体涌出。像"必须遵守公司的规定""必须付出匹配薪资的努力"这样的理由只会激发有限的能量，但人在追求个人理想时会涌现更多能量。如果反过来因此提高了工作效率，那就更好了。

    相反，如果人在工作时缺少目标，只是茫然地感觉"进展不顺利"，总是烦恼——"自己明明不是这样的人""和别人相比，自己是不是不如别人"，在公司很有可能只会被安排一些无关紧要的工作——"没关系，先做这个"，而我们要想摆脱这种状况，就必须自己找到目标和任务。顺便提一下，我们在工作中要面对的还有更具体的问题（或者说烦恼）。

"明天不想去公司，怎么改变这种心态呢？"
"后天的演讲必须成功。"

这样的烦恼也可以理解，但是从事业的角度和公司的角度看，个人演讲就算失败 10 次也不会有任何影响，当然，对行业和社会就更不会带来任何影响。因此，为了让自己全力以赴，请更加放松地工作吧。

日常做好择业准备

　　在之前的说明中，我说过"公司不会替你考虑你的职业生涯"。事实上，在当今日本，终身雇用制已经瓦解，即使你恪守公司的要求，公司也不会为你的职业生涯保驾护航。

　　25 年前，我开始我的工程师职业生涯时，市场上普遍使用的是很早就有的 FORTRAN·COBOL 编程语言，而且使用这种编程语言的都是经验丰富的程序员。而作为新职员的我，在工作中使用的是新的编程语言。当时使用新、旧编程语言的团队都在拼命工作，而且两个团队都投入了好几个月甚至几年的时间做项目。

　　有一次，使用旧编程语言的团队终于完成了某银行的一个大项目，我记得他们至少花了 3 年时间。在这期间，经验丰富的老程序员甚至削减了自己的睡眠时间，但也是在这3年里，工程师的工作环境发生了翻天覆地的变化。当他们回过神来时，几乎所有项目都换成了其他语言，只会使用旧编程语言的人也就失业了。

对于目睹这种现实的我来讲，老员工们面临的问题离我并不远。我深切体会到职业生涯必须依靠自己，公司不会对个人的职业生涯负责。现在社会发展得更快，如果不经常学习新知识和新技能，你就不知道什么时候会被淘汰。如果人只拘泥于一条路，那么那条路一旦被切断，职业生涯就会陷入窘境。因此，我们必须让自己在职业生涯上有更多条路可以选择，并能够马上转换赛道，这是很重要的。

第 3 章

通过『分解思维流程图』实现自己的理想

个人篇：用"分解思维流程图"实现个人理想

对于个人生涯的规划，分解思维的用法基本和工作篇是一样的。

① 有没有要做的事和想要达到的理想状态 ② 列举心中理想的人物形象

在我周围，有的人很羡慕事事都进展顺利的人，他们经常会对自己的现状不满意。有很多人自我肯定感极低，总是把"我这种人……""我不喜欢现在的我"这样的话挂在嘴边。因此，在个人篇中，我想从"没有目的或目标"的情况开始思考。如果问这些人："那你想怎么做？"他们的回答往往会是"想环游世界"这样的短期目标，或者"想成为有影响力的人"这样模糊的目标，其理想状态是模糊的（见图 3–1）。

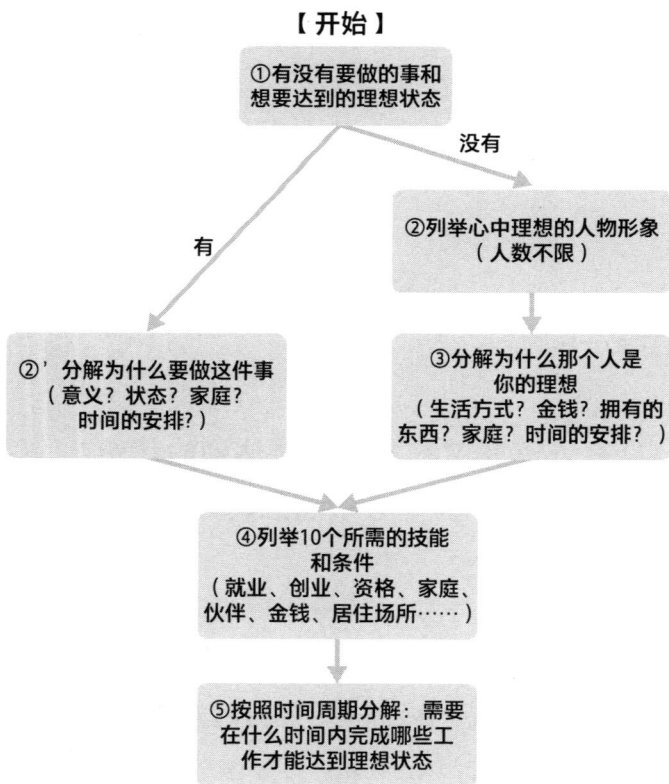

【开始】

①有没有要做的事和想要达到的理想状态

没有

有

②列举心中理想的人物形象（人数不限）

②' 分解为什么要做这件事（意义？状态？家庭？时间的安排？）

③分解为什么那个人是你的理想（生活方式？金钱？拥有的东西？家庭？时间的安排？）

④列举10个所需的技能和条件（就业、创业、资格、家庭、伙伴、金钱、居住场所……）

⑤按照时间周期分解：需要在什么时间内完成哪些工作才能达到理想状态

图 3–1 "分解思维"流程图【个人篇】

分解工作法   聪明人如何解决复杂问题

在这种情况下，我会建议："先列举出自己憧憬的人物，不管几个人都可以。"谈到理想的人物形象或是憧憬的人物形象，你应该会想到名人或职场上的前辈。接下来，你只要把自己心中的理想形象彻底分解，逐一模仿其身上自己想模仿的地方，就能接近自己的理想目标。理想形象没有必要只局限于 1 个人，3 个、5 个也没关系。分解他们的魅力并写下来，有时你会发现他们之间的共同之处。

当不知道该如何推进工作时，我会先列出几件自己想做的事，如果连这个都想不起来，就会先想想"自己迫切想成为的那个人"的形象。如果我们以每 1～2 年一次的频率设定自己憧憬的人物形象，然后写出"为什么会这么想"，就能看到现在应该做什么。如果想不出具体的理想形象，我们也可以试着思考"怎样做才能获得更多的赞赏"。我曾经问客户："怎么做，才能让别人对你大加赞赏？"对此，有客户认为"把销售额提高××日元，会受到股东的夸奖"，也有客户回答"多陪伴家人，会得到家人的赞赏""减少加班，会受到员工的赞赏。"这些就是公司和自己的理想状态。

我们要优先定义自己想要达到的理想状态，然后将其分解成各要素——"能使用的资源大概有这些""能花费的费用大概是这些""如果 ×× 个月能达到这样的状态就好了"，这样比较容易实现。确定目标后再分解，这不仅适用于个人目标，工作和团队也能通用。顺便提一下，我们可以通过对方谈及的理想人物形象，大致推测出其目标方向。例如，当对方列举了知名人物，其中没有商务人士，这说明比起工作方式，他们更注重生活方面的充实。而如果列举的人物是职场前辈、上司、经营者或同行业知名人士等，那么与其说是他们想拥有这样的生活方式，不如说他们是"想做这样的工作""想获得这样的职位"。也就是说，知道对方的理想人物形象，就能知道这个人更加重视工作还是生活。

在此基础上，我们就能再分别思考工作和生活的反面。"刚才提到了前辈和经营者的名字，那么在生活方面，你最向往的人是谁呢？""你有向往的生活方式，但在工作方面，你最希望成为怎样的人呢？"像这样思考的话，就会更明确自己理想的生活方式。

另外，很多没有目标的人会这么思考："我不想再给人生增加负担了。""不用有什么目标，能维持现状就好了。"对此，我想问："你现在这样真的好吗？"因为我希望大家不要放弃人生的可能性，明白这样的道理：
"如果工作和生活都能顺利，或许可以拥有更好的人生。"

③分解"为什么那个人是你的理想"

列举出心中理想的人物形象后，接下来我们分解"为什么那个人是我们的理想"。

- ·觉得能够创业、经营自己的公司，很了不起。
- ·能充分利用时间，与各种各样的人打交道，在工作中大展身手。
- ·完成本职工作的同时，还能兼顾其他各种工作。
- ·日常工作能见到名人。
- ·经常去国外，偶尔也会接受媒体采访。这种自由自在的工作方式真好。

大体就是以上这些。
如果你无法详细列举，那么可以思考以下几点：

- ·家庭；
- ·工作；
- ·时间；

· 金钱；

· 内心或情感；

· 拥有的东西。

试问，我们憧憬的是能和优秀的人结婚，或者是因为他们有钱，或者是出于对经营者的经营之道的尊敬，还是羡慕他们每天能自由自在地生活？总之，要先明确理想人物的哪些方面是我们羡慕的（见图 3-2）。

分解为什么我们认为那个人或者那个状态是理想的
（生活方式？金钱？拥有的东西？家庭？时间的安排？）

理想

家庭		工作
时间		金钱
内心或情感		拥有的东西

分解"你为什么这么想"很重要

图 3-2 分解"为什么那个人是理想的"

虽然我们会有"想成为 ×× 那样的人"的想法，

但随着对自己想法的分解，我们可能会发现自己羡慕的只是那个人的沟通能力，并不是其他方面。这样，我们就会明白，只要培养"像××那样的沟通能力"就可以了。分解的好处在于，可以让我们具体看清自己达到理想状态所需的条件。

假定我们"想成为C那样在业界大展身手的人"，但自己又不可能成为C本人。如果分解C的优点，可以得到如下几点。

· "40多岁时在工作上大展身手"→为了能在40多岁时在工作上大展身手，现在应该做些什么？

· "和其他行业的人联系密切，跨行业工作"→最好积极地和其他行业的人接触，C是怎么建立自己的人际关系的呢？

· "穿搭很有时尚感，看起来也很帅气"→先买同款服饰试试？

如此，就能明白自己所需的行动和努力的方向了。即使我们不能马上成为那个人，但通过努力去接近那个人，也许到了和那个人同样的年龄，就能达到理想的状态。过去的理想状态已经被明确了，只要花时间就能达到。但是，现在有了社交网站，憧憬的对象触手可及。而且很多时候我们憧憬的对象的年龄会比自己小，也不清楚他们是如何实现职业规划的，有时甚至完全不知道为什么能实现。正因如此，才会有越来越多的人把自己和身边憧憬的人作比较，并且认为自己"不可能变成那样"。但是，只要试着分解一下，就能具体了解自己为什么会崇拜那个人，也能明白自己该如何努力才能实现理想。

总之，只要找到具体目标，谁都能迈出第一步。顺便提一下，"憧憬成为有影响力的人"分为两种：一种是自己想走到台前的人；另一种是想站在幕后的人。实际上，如果同样是向往成为 YouTube 博主的人，有的人就会说："那就开始做 YouTube 博主吧。"但也有人会说："自己并不想引人注目，而是想做幕后工作。"另外，也有人认为不成为 YouTube 博主也没关系，以其他方式出名也可以。

前面提到了"工作重要还是生活重要"的观点，在此基础上我们还可以思考"自己想走到台前吗？""想在幕后支持他人吗？"等具体细节，这些细节对于弄清自己到底想过怎样的生活十分重要。因此，以"工作—生活""自己想走到台前—想在幕后支持他人"为两条轴绘制四象限图（见图3-3），就可以把自己的类型分成"想让自己在工作中脱颖而出""想在工作中支持他人""想让自己在生活中脱颖而出""想在生活中支持他人"四个象限进行分析。

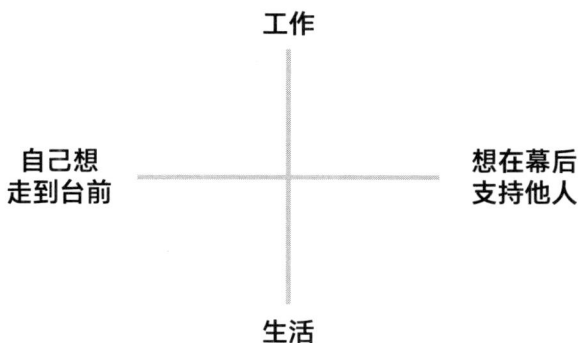

图3-3　使用四象限图分析自己

从"工作—生活"的角度讲，我属于重视工作的类型。即使在社交网络上看到朋友们发的"这次我去迪拜玩了"之类的信息，我也不会有太大的兴趣。另外，从

"自己想走到台前—想在幕后支持他人"这一轴看，我属于"想在幕后支持他人"的类型。虽然也会因为工作原因而在活动中登台，但比起"想走到台前"，我更觉得"在幕后支持他人"的工作是一件很有意义的事情。我之所以写这本书，并不是想出名，而是希望让更多的人读到这本书，学会分解思维，帮助他们改变人生。也就是说，在工作上支持他人是我的理想状态。只要将其分解成如上的四象限，就能很容易地找到与自己性格相符的理想状态。

④ 列举 10 个所需的技能和条件

为了实现目标，我们具体应该做些什么？不妨参照下面的内容列举 10 个所需的技能和条件。如果我们想自由地生活，从现在的公司辞职可能会成为前提条件，跳槽到不用长时间工作的公司也可能成为前提条件。为了达成目标，了解成功达成目标的人所做的事情也很重要。很多人认为成功达成目标的人胜在能力强，工作比谁都努力，其实我们只要认真了解他们工作的详细情况，就能找到做出优秀业绩的通用方法。

例如，当你设定了个人销售额增加至120%的目标，如果公司内有同事已经完成了，那么向他咨询也是一种有助于你达成目标的方法。咨询后，你就有可能会发现以前不知道的销售方法，"我一直以为广告只做单价在80万日元左右的项目，没想到一些发展迅速的公司做了很多单价在500万日元左右的项目。"一旦你知道了这种方法，就可以付诸行动。另外，当你觉得自己努力了却进展不顺利，也有可能是因为努力方式有问题而停滞不前。为了改变思维方式，我们要先了解成功人士是如何达成目标的，并在此基础上弥补自己的短板。如果具备有助于提高成果的各项条件并付诸实践，目标就会容易实现。

⑤ 按照时间周期分解：需要在什么时间内完成哪些工作才能达到理想状态

为了达到理想状态，在明确了所需完成的各项工作之后，最后就是按时间周期分解。可以制订一个计划，明确在什么时间内需要具备哪些条件才能达到理想状态。

例如，如果想辞去现在的工作，寻找更自由的工作，有的人会制订"明天辞职后马上创业，一年后走上正轨"的计划；也有人认为"马上辞职风险太大，应该暂时把精力放在副业上，创造自己接单的条件，半年后再辞职"。重要的是，我们要结合自己的实际情况思考接近理想的方式（见图3–4）。

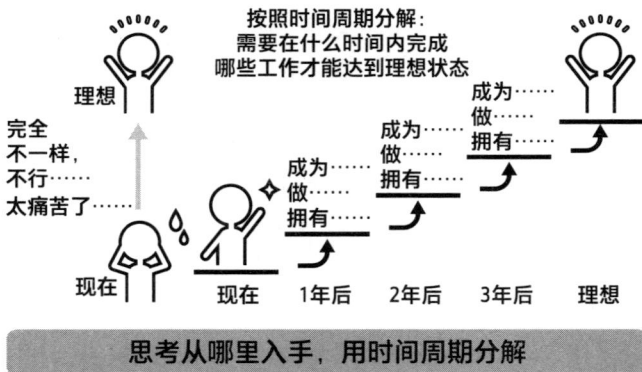

图 3-4　按时间分解"通往理想的道路"

目标分解后就会明确

当我们的脑海中浮现理想状态时，往往会出现"想成为帅气的人""总之想自由地生活"等模糊的想法，但仅仅是这样的话，目标是不明确的。

我们以旅行为例，就很容易理解了。想去旅行时，如果只是抱着"我就想放松下"这样模糊的想法，是找不到旅行目的地的。在搜索引擎中搜索"想要放松一下＋旅行地"，往往也找不到合适的目的地，即使出现了一些类似的搜索结果，也不太可能是自己真正想要去的地方。因为实际旅行时，我们需要考虑预算、人数、交通工具等各种具体的因素。最近，旅行社推出了通过聊天就能找到旅行目的地的服务。"您旅行的目的是什么？""我就想放松下。""您的预算是多少？""××日元左右""您是想去大城市呢，还是小城镇呢？""小城镇"……客户只要像这样回答一些简单的问题，就能找到自己真正想去的旅行目的地。

这正是"分解思维"的一个例子。如果把"我就想放松下"进行分解，就会得到诸如"对我来说，放松是在海滨度假村喝热带饮料、悠闲地待着""去当地体验当地人的生活""在大城市享受高级按摩"等答案。也就是说，就如通过认真分解"就想放松下"的想法找到最佳旅行地一样，我们必须分解"想成为帅气的人""总之想自由地生活"这些模糊的目标，才能找到真正想做的事。

为实现个人理想列出的清单如图 3–5 所示。

设定理想状态或理想的人物形象	请适当写出几个能想到的人
分解其为什么是理想	分解为什么那个人或者他的状态是理想 （生活方式？金钱？拥有的东西？家庭？时间的安排？）
需要的技能和条件	怎样才能接近那个理想呢？所需的条件是什么？列举 10 个（就业、创业、资格、家庭、伙伴、金钱、居住场所……）
按照时间周期分解：需要在什么时间内完成哪些工作才能达到理想状态	想想从哪里开始入手，然后按时间分解

图 3-5　为实现个人理想列出的清单

　　分解工作法　聪明人如何解决复杂问题

实现个人理想：
目标已定

如果个人已经明确了想做的事情，那么接下来应该怎么做呢？（即在图 3–1 的流程第一步中选择"有"的情况）以"现在是公司职员，但想通过自己画插画的特长赚点钱"为例来一起思考。

②′ 分解为什么要做插画师

"想成为插画师"这个理想任何人都能理解。但"想靠画插画赚钱"这个想法有点模糊。无论是专业的插画师，还是出于兴趣而画画赚钱的人，在赚钱这件事上都是一样的。因此，可以将"想靠画插画赚钱"这一理想分解为"最终想仅靠做插画师养活自己"和"在拥有本职工作的基础上,将画插画作为一项技能来赚钱"两个方向。首先要弄清楚自己的想法是这两个方向中的哪个。

然后,对"为什么想画插画"进行分解,可以列举出以下几点理由。

· 想获得他人的认可;

· 能帮到别人;

· 想做喜欢的事;

· 想一个人工作。

其中,如果"想一个人工作"的愿望比较强烈,那么"靠做插画师养活自己"或许是最理想的状态。

④ 列举 10 个所需的技能和条件

接下来,我们来思考靠画插画赚钱所需的技能和条件(如果像这次一样已经有了目标,就请从图 3–1 的"②'"进入"④"环节)。

· 提高插画技能;

- 找到自己擅长的插画领域；
- 熟练使用插画软件；
- 寻找购买插画的买家。

其中，优先顺序较高的是提高插画技能。与其他要素相比，提高技能所需的时间最长。为了提高技能，需要在确保本职工作时间的同时，预留出练习画插画的时间。但是，如果因此就辞职，可能会因为经济上的拮据而无法进行练习。

我身边有很多人明明有想做的副业，却因为本职工作太忙或者没钱，而没有去做。实际上，很多人"因为没时间（没钱）近3年都郁郁不得志"。以没有时间和金钱为理由，放弃自己想做的事，是非常不可取的。为了实现"开展副业"的计划，他们首先应该明确当下最应该采取的行动是什么，如"掌握高效工作的方法，把加班时间降到最少""准点结束现在的工作，按时回家""跳槽到比现在工资更高、可以做副业的公司"等。

分解"行动"直至清晰

对于各种条件，如果我们的认识一直处于模糊的状态，就很难知道下一步应该采取什么行动，所以在确定具体行动之前，我们需要对其进行分解。

例如，将"寻找购买插画的买家"进行分解，既有让每个人买一张插画的方法，也有从出版社接订单，或者从广告代理商那里获得广告插图业务的方法。如果每张都卖给个人，我们可以考虑在社交媒体上不断地上传自己的插画作品，吸引更多粉丝，实现流量变现。如果想给企业做广告插图，则可以注册众包，或者在本职工作中与广告代理商等将来可能成为客户的公司建立联系。或者，反向思考"卖插画"，也可发现这样的方法——"卖技术（教插画）"。即使画插画本身赚不了多少钱，我们也能以希望成为插画家的人群为对象，举办"把插画作为副业的方法"等主题沙龙，作为讲师卖课赚钱。

如果想从以上选项中决定做什么，我们可以试着画一个四象限图，按照"企业、法人—个人""销售作品—销售技术（教学）"四象限图来思考，如图 3-6 所示。

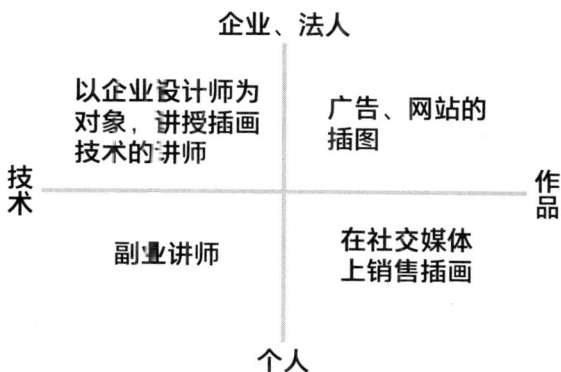

图3-6 用四象限图整理目标

于是，我们就可以从更广的角度思考自己的职业生涯。例如：你一开始希望更多的人看到自己的插画作品，而后发展为想和广告公司或出版社合作，但由于担心收入问题，希望在取得一定成绩后开办线上插画课堂赚钱。而且，因为希望自己的作品获得更多人的认可，所以你还想在网站上销售插画。为此，你可能会决定要努力干好副业。除了这些，你的首要任务是，将"提高插画技能"所需的条件分解，内容如下：

· 腾出时间学习（提高本职工作的效率）；

· 寻找教授插画技能的老师、学校；

· 能提供反馈的人；

· 插画用的器材、绘画材料；

· 上学或买器材所需的资金（节约或增加本职工作的收入）；

· 可以一起学习的伙伴。

当你提高插画技能后，如果想成为专业插画师，可能还需要做到以下几点：

· 加强传播力、宣传力、销售力；

· 提高沟通能力；

· 拥有丰富的人际关系资源；

· 提高工作效率的方法。

⑤ 按时间周期分解

最后，你还要按时间周期分解需要在什么时间内具备哪些条件，才能达到理想状态。需要优先完成的是确保资源的供应，提高现在的工作效率，"减少本职工作的时间"和"增加主业的收入"是优先事项。

假设我们设定"两年后成为专业人士"的目标，将项目周期设定为两年，那么，如果从一开始就能确保每周有 5 小时的时间投入副业，那么两年内平均每个月就有 20 小时可以用于副业。反之，即使最后两个月减少本职工作的时间，两个月当中也只能确保有 40 小时用于副业。例如，设定如下计划并执行（见图 3–7）。

· 提高插画技能（第 1 年）

　上职业学校（1 年）；

　提高工作效率、每天练习 1 小时；

　购买必要的绘画工具；

　在社交媒本上上传代表作品，看看反响如何。

· 工作（第 2 年）

　为自己制作作品集（第 1 个月）；

　制作插画师主页（第 2 个月）；

　注册众包（第 2 个月）；

　向出版社推销作品集（第 2 个月）。

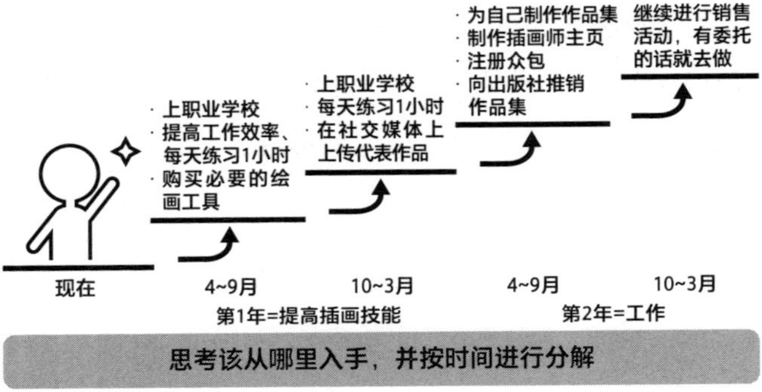

图 3-7　分解成为插画师所需的时间周期

　　分解工作法　聪明人如何解决复杂问题

想不为钱发愁，
自由工作

我认为"不为钱发愁，自由工作"是当今时代最具代表性的理想状态。实际上，也有很多人是这么想的。那么，让我们来分解思考一下"不为钱发愁，自由工作"的目标。

分解"不为钱发愁，自由工作"的含义

"想不为钱发愁，自由工作"这个想法有点模糊。怎样的状态才是自己的理想状态，我们需要分解清楚这一点。金钱与工作的理想平衡状态因人而异，我身边的朋友就是那种"想多做一些有趣的工作"的类型。因

为想一直从事有趣的工作，即使有了钱，也没有时间花，所以，他们对赚钱没有那么执着。就像《周刊少年JUMP》的人气漫画家一样，他们一直赶着在截稿日期前完成工作，根本没时间花钱。但是，对于他们"可以自由地做有趣的工作，不用为钱发愁"的目标是能够满足的。

现在的年轻人中，也有很多人重视工作与生活的平衡。他们虽然也热爱工作，但不会只专注于工作，还要充实自己的生活。而要想享受生活，就需要一定的经济基础，所以这些年轻人既想自由地工作，拥有业余时间，又想高效地赚钱。这与我想表达的"能自由工作，不为钱发愁"的观点是不同的。虽说都是"想不为钱发愁，自由工作"，但每个人想要实现的目标都不一样。因此，我们可以用"金钱"和与自由相关的"时间""场所"标准来分解这一目标。

- "金钱"：我希望年收入 1000 万日元。
- "时间"：我想上午或者下午休息。理想情况下，我每月工作 100 小时，大约是公司员工工作时间（包括加班）的一半。
- "场所"：我想在任何自己喜欢的地方自由工作。

于是，按照上述标准可得出，我想做的是年收入1000万日元、每月工作100小时（或者只要能做出成绩就行），且无论在哪里都能做的工作。

年收入1000万日元、每月工作100小时的工作有哪些

让我们来思考一下，为了达到年收入1000万日元的目标，应该做怎样的工作呢？"工作"可以分解为"主业"和"副业"，但是，因为已经将工作时间设定为每月100小时，这个时长要以公司职员的工作为主业，在现实中可能会很困难。

你可能会觉得："和尚①收入高，而且不像公司职员那样受拘束。"但是，在现实中，普通的公司职员以"想成为有钱人"为理由转行当和尚几乎是不可能的。就算你克服了种种制约成为和尚，星期六和星期日也必须去拜访施主，因此没有闲工夫去静心旅行，所以，这个工作并不满足"自由工作"的条件。

---

① 在日本，和尚是一种职业，主要提供法事服务，在本职工作之外可以结婚生子，从事世俗职业。因此收入不低。——编者注

"实现理想状态的人是做什么工作的？""他们是如何赚钱的？"如果我们对这些问题进行分解，或许就能在自由职业者中找到答案：简而言之，自由职业者就是自己能接订单完成的工作，不受工作时间的限制，想工作时工作，想休息时休息。

接下来，我们试着列出自由职业者中年收入 1000 万日元、每月工作 100 小时、不限地点的工作清单，从中挑出自己现在就能做的工作，或者暂且无法完成但将来有望实现的工作。然后，一边按时间分解，一边思考为了从事该工作，需要做些什么（图 3-1 中的④⑤）。例如，可以列出如下计划。

计划 3 年独立创业

· 确定什么样的工作可以独立创业（第 1 年）

　　向独立创业的人咨询；

　　分析自己能做的业务；

　　制定事业规划。

· 尝试做副业（第 2 年）

　　注册众包；

与熟人中的潜在客户联系；

招揽稳定的客户（确定目标数量）；

如果进展顺利，就准备从原公司离职。

· 准备独立创业（第 3 年）

从原公司离职；

制作网页；

取得营业执照等；

制作名片及其他；

开始工作。

我从事现在这份工作之前的经历

我谈一下个人案例，供大家参考。当我离开 Smart-News 公司，创立 Moonshot 时，思考的是："今后怎样才能自由地生活下去呢？"对此，我首先思考"对我而言，自由是指什么"，然后将其定义为"有充裕的金钱和时间，只做自己喜欢的工作"。因为以前每天都很忙，所以当时希望工作稍微轻松一点。但是，"想拥有充裕的金钱和时间"是个模糊的概念，所以我用数值将其明确为"年收入 3000 万日元，每月工作 50 小时"。普

通的公司职员一个月大约要工作 160 小时，所以对我
而言，理想的状态是即使不怎么工作，年收入也比之前
高。对此，大部分人都会觉得"这是不可能的"，然后
就放弃了。但我进一步列举了一些不想做的事情：

  · 不想制作资料；
  · 不想受时限的束缚；
  · 不想和讨厌的人工作。

　　我很清楚这么列举有些任性。但我想，反正是换工
作，就一定要追求自己满意的工作。另外，我选择创业
的时期也是有问题的，当时正好赶上营销行业的前辈纷
纷创业。如果我自称"市场咨询师"，就会被当作前辈
们的竞争对手而进行比较，从而卷入相当激烈的竞争。
而且，就算侥幸赢了前辈，我也不会觉得有多高兴。因
此，我放弃了市场咨询师这项工作，打算做其他工作来
实现理想。虽说是其他工作，但从头开始做没有经验的
工作也是不可取的。于是，我决定利用自己的经验，去
做一份从未有人做过的工作（这也是"反向思考"）。
　　我发现在美国有一种叫"顾问"的工作，只需和
经营者进行沟通，就能把公司引向好的发展方向。这

样，既不需要准备资料，也不受时间限制，而且可以在短时间内做出成果。如果你为一家公司提供 4 小时的咨询服务，以时薪 30 万日元计算，年收入似乎可达 3000 万日元。既不受时限的束缚，也可以拒绝自己不喜欢的工作，条件完全满足。我使用上述的"分解思维"工作方法寻找满足这些条件的工作，最终找到了现在的工作（见图 3-8）。

时薪 1 万日元或 3 万日元的顾问工作，一般的服务对象是公司部长之类的人物。时薪 30 万日元的工作是以公司社长为服务对象，要与其直接探讨。因为单价高，社长也不会说"请和一线员工商讨吧"。这样一来，我就能以提出建议的方式改变公司的经营策略，进而改变公司的经营成果，这样也能让社长意识到我工作的价值。为了解决问题，与社长直接合作也是很重要的。以前我也为销售负责人提供过咨询服务，但发现真正的问题出在市场部。这时，只有和拥有更大权力的高层直接探讨对策，才能真正解决问题。

怎么办……

与其烦恼，不如一边具体分解一边思考

我认为的自由是什么？	充裕的金钱和时间，具体是多少？	还有不想做的事吗？	而且是营销行业的前辈们纷纷创业的时候。	怎样才能实现？
有充裕的时间和金钱，可以做自己喜欢的工作。	年收入3000万日元，每月工作50小时。	不想制作资料、不想受缚时限的过厌的和一起工作的人一起工作。		可能是谁都没做过的工作吧。
之前每天都很辛苦……	那是不可能的吧？	有些任性	差异化竞争？	美国有一种工作叫顾问
			做同样工作的话，会被拿来比较，这点不喜欢	

图 3-8 分解 "怎样才能自由地生活"

分解工作法 聪明人如何解决复杂问题

以想要实现的事情为基准进行分解

谈到理想的状态，很多人都是从自己想做的事情的角度加以考虑的，如"想成为自由职业者""想靠网络工作养活自己"等。另外，如果想不到特别想做的工作，也可以按照想实现的事情来分解。就像前文的例子一样，从"想自由地工作""不想做准备资料这种辛苦的事情"等问题开始思考。

在找不到自己想做的工作时，以想要实现的目标为基准进行分解，就更容易看到问题所在，这样可以一边回避问题，一边寻找理想的状态。以我为例，在我得知美国有企业顾问这一工作后，我觉得"如果从事这项工作，可以和营销行业前辈有所不同""我不用准备资料，不用受时间限制，也不用和讨厌的人一起工作""可以以理想的工作时长获得理想的年薪""有充裕的金钱和时间，只做自己喜欢的工作"，确信了这些之后，我就开始了现在的工作。

找到想做的事情后，只需要分解要素

以想要实现的事情为基础进行思考，得出"想做的工作＝成为顾问"，设定好目标后，接下来就按照图3–1所示的流程图进行分解思考。因为从一开始就已经对"为什么想做这份工作"进行了分解，所以接下来只需要列举从事这项工作必要的技能和条件。

"有必要尝试三次左右。"

"必须学习如何提出价值30万日元时薪的方案。"

"什么资格证书都不需要。"

"没有家人的支持也没关系。"

"虽然也能以个体工商户的身份承接工作，但是考虑到将来要和大企业合作，所以还是以股份公司的形式创业比较好。"

"去咨询公司就职或许也是一种方法。"

最后，如果我们把需要准备的东西按时间周期分解，应该做的事情就会变得明确。

分解工作法　聪明人如何解决复杂问题

觉得"不可能实现"
之前

　　例如，我们将理想状态分解后，结果是"成为一个有影响力的人"。有些读者可能会觉得"这很难实现"，但我不这么认为。我看着这些20多岁的年轻人，觉得有趣的是，于他们而言，成为有影响力的人且靠广告收益赚钱的工作方式，根本不是空想，反而是一种很容易实现的选择。对此，TikTok（抖音海外版）功不可没。

　　这是因为在YouTube和Instagram上"涨粉"①并不是件容易的事。如果你想在YouTube上"涨粉"，就需要有一定的话题传播能力，要能达到连说10分钟也不

---

① 网络用语，是指自媒体博主通过发布有吸引力的内容，实现粉丝数量的增加。——编者注

让人讨厌的效果。如果是 Instagram，你需要分享让大家都憧憬的日常生活。相比之下，TikTok 的视频大多只有 15 秒或 1 分钟，如果内容有个性、有趣，就能吸引更多的人来观看。一开始，人们普遍认为 TikTok 不具备销售商品或提供服务的能力，但最近的调查显示，人们购买商品所需的时间正在不断缩短，现在只需 15 秒就能做出判断并下单。15 秒就能卖出一件商品，这意味着 TikTok 和 Instagram 都具有丰富的商机。而且，TikTok 的流量推送机制能让粉丝数和点赞数在短时间内急速增长，对很多人而言都是机会。观众可以在短时间内欣赏到内容，消费者也可以在短时间内做出购买决定，因此，主播销售商品的门槛一下子降低了。

现在，企业也都开始注册使用 Instagram 和 TikTok 作为自己的官方账号进行宣传和营销。比起在电视上投放 15 秒的广告，完善 Instagram 和 TikTok 的内容更能吸引客户。年轻人比长辈更擅长使用 Instagram 和 TikTok，所以运营账号的工作就由年轻人来承担。运营的工作内容主要是"拍摄商品并上传"，因此该岗位的工作者无须每天长时间坐班。也就是说，现在 20 多岁的年轻人能够实现前面提到的"工作（金钱）→年收入 1000 万日元""时间→每月工作 100 小时""地点→在世界任何自己喜欢的地方自由工作"的可能性越来越高。

　　社会发生了巨大的变化，如果我们还固守着传统的价值观，沿袭传统的工作方式，于我们而言那将是一种损失。我认为，应该遵从自己的内心，做自己想做的事情。特别是现在越来越多的企业开始采取远程办公的方式，因此大家不用经常当着上司的面工作。在此之前，"当着上司的面，按时下班会觉得不好意思""通过长时间工作来表现工作很努力"等想法都很有效，但现在已经进入以结果而非过程来评价工作的时代。过去，人们普遍认为每个人的工作效率是相同的，但现在人们发现，个人之间的工作效率可能会相差 10 倍甚至 100 倍。企业也开始转换成以工作效率为基准的评价机制。日本终于结束了拼命工作的时代，进入高质量工作、看成果的时代。

用"分解思维流程图"实现目的的诀窍

目的和目标可以中途改变

　　并不是说一旦确定了想做的事情、理想的状态就无法改变。"希望不忘初心，实现入职时制定的目标。""我一直在努力，但如今已经懒得改变目标。"这种心情我可以理解，但当时和现在的社会形势不同，自己也在发生变化。如果强迫自己紧紧抓住当初的目标不放，工作和生活的选择就会减少。

　　一说到"请列举理想的人物形象"，就会有人举出和自己现在做的工作截然不同的人。如果告诉他："即使你按照现在的方向再努力 5 年，也无法接近理想的人一毫米，甚至会离目标越来越远"，很多人此时才会恍然大悟。

我经常说："最好把过去的自己当成另一个人。"现在回想起来，大多数时候都觉得过去的自己心智不够成熟，各项条件也不够优越。因此，我认为完全没有必要一直执着于在状态不好的状况下设定的目标。目标也可以在各种变化的基础上灵活地重新制定。不要认为未来的路是过往的延续，而要以迎接全新道路的心态来思考，这样就能灵活地改变目标。

从长远角度出发

思考理想中的自己时，关键在于要从长远的角度出发，考虑自己最终想成为什么样的人。

有很多人描绘的理想状态是"3 个月后想出国""1 年后想创业"这类短期的目标，很少有人能考虑自己 5 年、10 年后的生活状态。只考虑眼前的事情，然后按部就班行动，5 年、10 年后也未必能过上自己满意的生活。实际上，大部分人都会陷入窘境。因此，有必要从长远的角度思考想要成为什么样的人。

获取更多信息

在思考自己想做的事情时，获取信息是很重要的。例如，刚才提到的"成为 Instagram 和 TikTok 的主播"，有人可能读了本书之后才觉得"确实如此"。也就是说，因为缺乏信息，所以不了解这样的方法。但只要知道当今社会流行什么媒体，就能拓宽选择范围。

我身边有很多年轻人被"毕业于好大学，进入好公司"的传统人生路线束缚。如果对他们说这些，他们才会意识到"世界在不断变化"，也会重新考虑自己想做的事情。

改变"没办法"的想法

在我看来，很多人对现状都是抱着"没办法"的心态。"只能完成上司交代的任务，只要在公司工作就没办法改变。""虽然有憧憬的人，但是和自己的现状差距太大了，没办法。"但是，人们之所以会觉得"没办法"，是因为大多数人"没去想办法"。反过来说，如果知道了方法，就能实现自己的理想。运用"分解思维"，

分解工作法　聪明人如何解决复杂问题

就能"有办法"解决之前觉得"没办法"而放弃的事。我想大部分人都有理想中的状态，但是同时又固执地认为自己做不到。

> "因为我的工作都是琐碎事务。"
> "我在小城市工作。"
> "我有孩子了，不想再换环境了。"
> ……
> "放弃的借口"数不胜数。

但是，如果对种种放弃的原因进行分解，就会发现事实上有很多可以改变的地方。

"你说你的工作都是琐碎事务，换份工作不就好了？"

"我觉得现在这个时代，工作地点影响不大，但如果你觉得小城市有难度，就来东京试试吧。"

实际上，当我提出这样的方案时，很多人都惊讶地说："确实没有考虑过这个选项。"如果想不到可行的方法，就会止步不前。当你意识到"原本认为无法改变的事情，其实可以在一念之间改变"时，你会从当下做起，这就是你开启转变的关键时刻。

第 **4** 章

工作中能用到的各种分解模式

本章将介绍工作中解决问题所需的各种分解模式。此处以在某制造企业电子商务部工作的山田和他的上司，以及山田团队的新员工原田所面临的工作情况为例。

< 山田 >

山田就职于制造企业，担任电子商务团队负责人。因销售额未达标（销售额目标为 10 亿日元，还差 10%），上司要求该部门进行整改。

分解销售额

> 上司说："本年度的销售额还未达标，剩下一个月能想办法弥补吗？"

"离目标销售额 10 亿日元还差 10%"时，我们往往会产生"只剩 10% 了，加油拼一拼""还剩 1 亿日元，想办法凑齐"之类的想法。总而言之，是想通过做最后的努力来弥补。但是，销售额是有固定计算公式的，所以首先要对销售额目标进行分解。因为 10 亿日元的销售额 = "客户数量（有多少人购买）" × "客单价（每个人购买多少金额）"，所以可以将其分解为两种模式——"1万客户人均消费10万元"和"10万客户人均消费1万元"。

也就是说，针对还差10%的销售额这一问题，可以分为两种情况。一是从"客单价"入手，即以比预设价格便宜10%的价格销售。例如，客户数量的确达到1万人，但商品以降低10%的单价（9万日元）销售，所以总销售额还差10%未达标。二是从"客户数量"入手，即推广不顺利、客户很少的情况。虽然商品单价是1万日元，但客户数量只有9万人，所以还差10%未达标。我们先从这两种情况入手确认是哪一项出现了问题，再进行优化。假设我们发现客户数量还差10%，就要对"客户数量"进行进一步分解。如果是网站访问量少导致客户数量少，那么可以将其分解为以下两种情况。

①"浏览引导页的访问次数低于预期"（访问量不高）；

②"虽然访问量很高，但没有获得预期的购买量"（转化率不高）。

如果问题出在访问量，就需要重新考虑营销推广方式和搜索引擎优化等。如果是转化率有问题，那么我们可以通过判断是浏览引导页设置的问题，还是有令消费者看不懂的标识，以此找到要解决的关键点。说到让消费者看不懂这个情况，最近经常会在网页上看到"××日元以上免运费"的服务。例如，为了促使客户消费 1 万日元以上，销售商设置了"购买 1 万日元以上商品免运费"的条款。于是，当客户想要购买的商品标价达到 8000 日元时，就会出现"得再买个东西""但是，也没有特别想买的其他商品了……"等困惑。如果寻找另一件商品的时间超过 5 分钟，客户就会分心，从而降低购买欲望。结果，客户就会觉得"硬要凑满 1 万日元的话有点不划算"，从而放弃购买的概率就会变大。也就是说，如果销售商不设置"购买 1 万日元以上商品免运费"的条款，客户就会直接购买 8000 日元的商品，但销售商为了达成销售目标而设置了免运费门槛，这样反而会降低客户的购买率。

综上所述，我们首先将影响销售额目标的因素分为"客户数量"和"客单价"，如果发现"客户数量"存在问题，就可以将其分解为"访问频率低于预期"和"访问后消费人数少（转化率低）"这两点，然后考虑采取相应的措施（见图 4–1）。

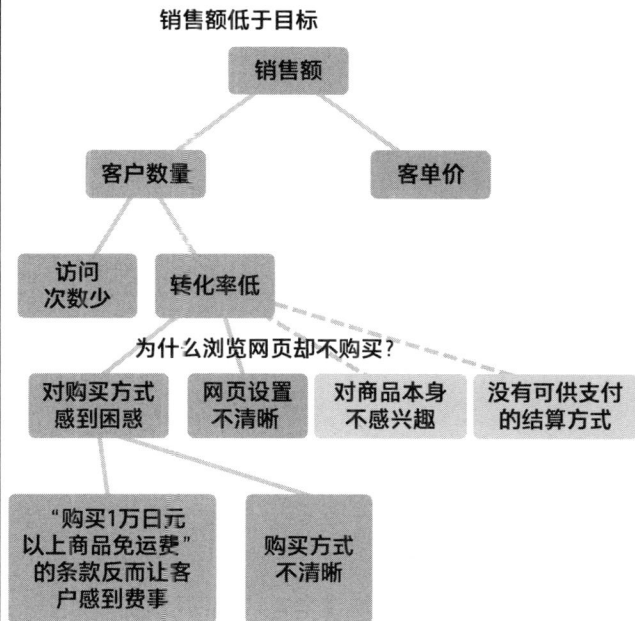

● 销售额的分解

"**客户数量(有多少人购买)**" ✕
"**客单价(每个人购买多少金额)**"

● 分解实践

销售额低于目标

销售额

客户数量　　　　　客单价

访问
次数少　　转化率低

为什么浏览网页却不购买?

对购买方式
感到困惑　　网页设置
不清晰　　对商品本身
不感兴趣　　没有可供支付
的结算方式

"购买1万日元
以上商品免运费"
的条款反而让客
户感到费事　　购买方式
不清晰

图 4-1　分解销售额

例如，可以实施以下措施：

· 重新评估推广策略（与访问频率相关）；

· 修改打折策略（与转化率相关）；

· 改善网站页面设计（与转化率相关）；

· 改进商品本身（与转化率相关）。

最初如何确立目标

我们一般是从目标阶段开始进行分解，如果"销售额未达标"，就需要弄清楚"客户数量"和"客单价"中哪一项还差 10%，这点很重要。因为销售商是以"客户数量 1 万人 × 客单价 10 万日元"的公式，制定了销售额 10 亿日元的目标，所以很容易发现"10% 未达标的原因是客户数量只有 9 万人"。但是，当我在客户公司确认客户数量和客单价的目标时，绝大多数人这么回答："目标是 ×× 日元，但没有设定客户数量和客单价的目标。"如果一开始没有确定客户数量和客单价的目标，那么总体目标设置是不明确的，这一点请大家牢记。

另外，公司的目标不仅仅是"销售额"。例如：

· 转化率 = 购买人数 ÷ 访问次数

· 录用人数 = 应聘者 × 录用率

· 生意洽谈的人数 = 预约到的客户数量 × 洽谈
  比例

· 产品数量 = 人数 × 单位时间内平均制作数量 ×
  时间

　　诸如此类还有很多。乘法公式本身也有很多形式，请结合实际情况进行考虑。

分解问题与目标

> "希望和其他部门共同努力实现目标。"（山田）

　　不要期望仅凭个人能力解决问题。如果工作出现了问题，请一定要把向其他部门寻求支援作为解决问题的必要手段。如果只在自己能力范围内努力，可能会使状况进一步恶化。如果因为自己属于电子商务部门，只以在电子商务领域提高销售额为目标，就无法对商品价格和商品本身进行改善。如果不进行深入分解，只在自己部门力所能及的范围内进行改善，往往会采取下面所述的错误手段，导致结果与预期产生差距。

- 明明商品本身有问题，却想着"要吸引更多的客户"，从而投入广告费拓展客源，结果反而导致利润率下降。
- 网站浏览引导页的设置完全没有问题，却要花费成本改进页面，结果只能得到"销售率提高 10%"的有限效果。
- 设置了"××日元以上免运费"的条款，让客户为凑单而烦恼，结果适得其反。

　　针对目前存在的问题，本来需要的手段是"改善商品"，但是如果让电子商务部门负责人独自制定对策，能够增加客户数量的方案是非常有限的。例如，若考虑让"客户购买更多的商品"以提高"客单价"，于是将"购买 1 万日元以上商品免运费"的条款修改为"购买 1.5 万日元以上商品免运费"。那么，之前享受过 1 万日元免运费服务的人会觉得"既然不免运费，就不买了"，从而纷纷离开这个购物网站。这种情况会让电子商务部门的负责人感到无计可施，反而会进一步做出错误决定——"客户数量减少了，不进一步提高客单价就无法达成目标，干脆改成 2 万日元以上的订单免运费吧。"

这样，客单价确实会提高，但购买人数会大幅减少。

　　我们有时容易陷入这样的负循环，因为客户数量与客单价相乘得出销售额，如果客户数量增加，即使人均购买金额减少，销售额目标也能完成。另外，即使购买金额少也能享受到优质服务，客户数量也会不断增加。但是，随着客户数量的减少，很多企业的做法就会像这个例子一样，过度执着于只"提高单价"，反复修改服务条款，让客户感到越来越不方便，导致客户购买量进一步减少。若想真正解决问题，就需要"从与所有部门相关的问题中找到真正的问题点"。

跨部门解决问题

　　有些企业的部门之间很难开展合作。此时，如果"分解思维"能成为公司内的"通用语言"，各部门通力合作就能消除隔阂，朝着同一个目标努力。例如，不仅要"以10亿日元的销售额为目标"，还要让全公司所有员工都明白"让10万人分别购买1万日元的商品"的对策，这样各个部门也就明确了目标和该做的工作。市场部门员工的目标是"让10万人购买"，商品开发部门员工的目标是"制造出能让 10 万人购买的、价值 1 万日元的商品"。为了吸引 10 万人购买，需要开展大规模的宣传推广活动，假设转化率为 5%，就需要引导 200 万人浏览网站。如此分解下来，每个目标就都具体化了。

> "我们考虑一下能够快速吸引 200 万人浏览的宣传方案。"
>
> "设计清晰、运行流畅的网页，保持 5% 的转化率。"
>
> "要想开发出 200 万人想购买的商品，需要做哪些呢？要先进行市场调研。"

相反，如果是"让 1 万人分别购买 10 万日元的商品"，那么商品开发和推广的方式都会截然不同。比起投放大众广告，在目标客户关注的媒体上投放广告可能效果更好，并且品牌推广也很必要。

如果最初目的不明确，那么随后的解决问题的方法也会不明确。像这样将大目标进行分解，使其变得更加具体，各部门就能制定更合理的细分目标，并为实现目标而努力。我在 2016 年加入 SmartNews，曾担任品牌广告负责人（Head of Brand Advertising）。公司对我的期望是"增加广告销售额"，但我最先向公司提出的要求是"增加 SmartNews 的用户"。在我进公司之前，SmartNews 的用户大约有两年没有增加。没有用户增加的网站，没有人会投放广告。用户越多，广告的浏览率也会越高，投放的广告商越多，公司的销售额也越容易提高。因此，我认为以合理的价格投放大量的广告，让尽可能多的用户看到广告，这点很重要。如果让同一用户多次看广告，可能会让其产生厌烦心理，不再使用 SmartNews。这样，随着时间的推移，用户反而会减少。如果浏览广告的用户人数增加，那么平均每位用户看到的广告数量会减少，因此也就不用担心用户会流失。综上考虑，我向公司提出了"首先增加用户数量"的建议。

在这个案例中，尽管我是销售负责人，但我认为增加用户数量这一非销售部门的措施是有意义的。对于自己无法直接解决的问题，需要和公司其他部门一起考虑。要真正解决问题，这样的讨论不可或缺。顺便提一下，这样的讨论得出结果需要一定的时间，后期才能进行成效评价，但从社会、行业、公司等角度进行思考，结果会向好的方向发展。

模糊目标与具体目标的对比如图 4-2 所示。

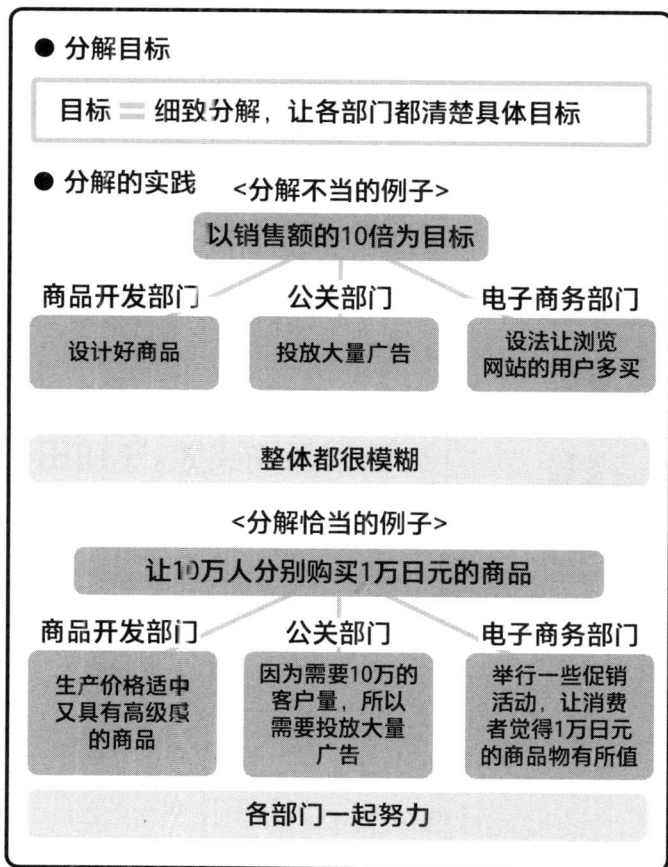

- **分解目标**

  目标 ＝ 细致分解，让各部门都清楚具体目标

- **分解的实践**　<分解不当的例子>

  以销售额的10倍为目标

  商品开发部门　　　公关部门　　　电子商务部门

  设计好商品　　　投放大量广告　　设法让浏览网站的用户多买

  整体都很模糊

  <分解恰当的例子>

  让10万人分别购买1万日元的商品

  商品开发部门　　　公关部门　　　电子商务部门

  生产价格适中又具有高级感的商品　　因为需要10万的客户量，所以需要投放大量广告　　举行一些促销活动，让消费者觉得1万日元的商品物有所值

  各部门一起努力

图 4-2　模糊目标与具体目标

分解购买量

> "单价无法提高，所以想办法增加购买量。"（山田）

　　如果想增加购买量，既可以简单地增加客户数量，也可以进行如下分解（见图 4–3）：

　　①客户数量 × 单次购买量

　　②客户数量 × 购买次数

分解工作法　聪明人如何解决复杂问题

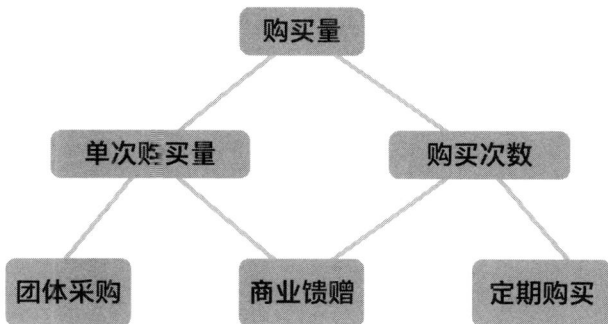

● 分解购买量

购买量① ＝ 客户数量 ✕ 单次购买量
购买量② ＝ 客户数量 ✕ 购买次数

● 分解实践

购买量

单次购买量　　　　　　购买次数

团体采购　　　　商业馈赠　　　　　定期购买

图 4-3　分解购买量

① 增加单次购买量

让客户大量购买的理由有哪些呢？最容易理解的就是第 1 章中提到的"商业馈赠"商品。如果是用于馈赠，以往只给自己买一个商品的客户，可能会因为"这里的点心很好吃，买一些作为伴手礼送人吧"而买多份。最具代表性的商品是"TORAYA"羊羹，既有家用的可自行切开的大羊羹（竹皮包羊羹，商品价格为 2800 日元），也有作为伴手礼用的 36 只装的小羊羹（商品价格为 1 万日元）等。此外，分发给单位员工的商品，以及向多人分发的纪念品等，这些起不同作用的商品都会成为客户大量回购的原因。

② 增加购买次数

接下来分解"购买次数"。购买次数有每周一次、每月一次、每年一次等多种频率模式，最近订购方式也很流行多样化，或许可以深入探讨"分 12 个月定期购买 1 万日元的商品"的方法。定期购买有助于维系老客户、促使客户形成购买习惯。

客户在购买商品时，会经历"买还是不买"的犹豫过程，然后才做出购买的决定。考虑的步骤是无法避免的，如果分 12 期订购商品，就等于用一次思考做出了购买 12 次的决定。对企业来说，相当于一次的营销努力就能将销售额提高至 12 倍。当然，有必要考虑自己公司的商品是否适合定期购买。比如，旅行箱这种买过一次就暂时无须再买的商品，让同一客户每个月都买几乎是不可能的。反过来，如果是价格低廉、客户常买的商品或服务，可以采取以几个月、1 年、2 年或几年为单位的定期购买制来做营销。

分解时间

> "为实现目标，分解一下
> 时间表吧。"（山田）

    上司要求山田团队明年实现 10 亿日元的销售额。但是，现在离目标还差 1 亿日元。大家可能会觉得在 1 年内增加 1 亿日元的销售额太难了。当公司下达遥不可及的目标时，很多人会把现状与理想放在同一时间轴上思考。因此，面对现状与理想之间巨大的差距，往往会陷入"绝对做不到""不知道从何下手"等恐慌之中；

或者为了在短时间内提高销售额，而盲目行动。

这里最重要的是明确各项任务完成的时间段。如"4 个月达到这个程度，8 个月达到这个程度，1 年达到这个程度"等，划定实现销售额 10 亿日元目标的步骤。首先，我们来看一下目前 9 亿日元的销售额是如何完成的。假设有 9 万人购买了单价为 1 万日元的商品，根据"销售额 = 客户数量 × 客单价"，可以将问题分为"如何增加客户数量"和"如何提高客单价"。具体来讲，就是将客户数量从 9 万人增加到 10 万人，或者将客单价从 1 万日元提高到 1.2 万日元。

这里再结合前文提到的"按时间周期分解"的方法，在考虑客户数量和客单价哪个更容易增加时，可以想到"如果这个商品有可能被多次购买，那么首先要增加客户数量，已让他们购买套装商品"。于是，可以分为如下几个步骤（见图 4–4）。

"最初 4 个月是增加客户数量的阶段。"
"接下来 4 个月是提高客单价的阶段。"
"最后 4 个月是调整期。"

● 分解时间周期

> 时间周期 ═ 按任务划分时间段

● 分解实践

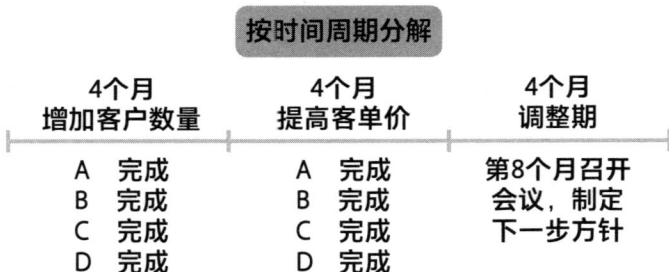

按时间周期分解		
4个月 增加客户数量	4个月 提高客单价	4个月 调整期
A 完成 B 完成 C 完成 D 完成	A 完成 B 完成 C 完成 D 完成	第8个月召开 会议，制定 下一步方针

图4-4 分解时间周期

　　另外，如果确定了各个阶段完成的目标，就可以在此基础上具体考虑"谁在什么时间内完成什么"。例如，可以按照如下情况展开措施。

　　"最初的4个月，我们会集中精力增加客户数量，所以公关部门负责人B在这段时间里要在社交媒体上多下功夫。"

　　"为了让购买过的客户多发表积极评价，

让负责网页制作的 C 在 ×× 日前设置分享
按钮。"

"我们也开展让老客户带新朋友的活动。
让 D 在 ×× 日之前把方案汇总好，在 ××
日前和大家一起讨论。"

总之，不要毫无计划地想一下子就达成 10 亿日元
的目标，而是要分解目标，明确"怎样做才能达成目
标"。在此基础上，把要做的事情按照时间段分解，然
后在规定时间内完成该做的工作，这是重要原则。有人
因为上司下达目标时没有明确期限，所以就得过且过，
这种可以说比没有计划更糟糕。如果你想在工作上取得
成果，一定要确认完成期限。这样就能了解上司对这个
工作难易程度的认定。如果这个期限与自己设想的解决
方案所需的期限差异很大，那么可能是因为双方的认知
不同。

分解为悲观计划和
乐观计划

> "不擅长制定目标，从来
> 没有按计划顺利进行过。"
> （山田）

我们在制订计划时，可将其分为悲观和乐观两种类型，这也是很有效的分解方法。很多人认为制订计划就是确定一个数字而已，如"客户数量达到 1 万人""销售额达到 10 亿日元"等。但在现实中，我们不可能完全按照计划完成目标。因此，在制订计划时，不是只确定具体的数字，而应该把计划分为悲观和乐观两种类型。

例如，计划是客户数量 1 万人 × 客单价 10 万日元，以达到 10 亿日元的销售额。悲观情况下，客户数量最后

可能只有 8000 人；乐观情况下，客户数量可能会增加到
1.2 万人。客单价也是一样，悲观考虑的话可能是全年平
均 8 万日元，乐观考虑的话可能是全年平均 12 万日元。

在"悲观 × 悲观"的情况下，8000 人 × 8 万日元 / 人 =
6.4 亿日元，这个结果与设定的 10 亿日元的销售额目标
相差甚远。如果"乐观 × 乐观"得以实现，1.2 万人 ×
12 万日元 / 人 =14.4 亿日元，结果大大超过 10 亿日元。因
此，我们在制订计划时，考虑到这种幅度变化是很重要
的（见图 4–5）。

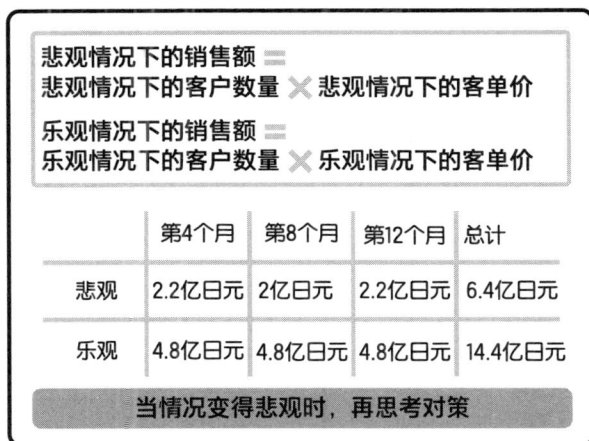

悲观情况下的销售额 ＝
悲观情况下的客户数量 × 悲观情况下的客单价
乐观情况下的销售额 ＝
乐观情况下的客户数量 × 乐观情况下的客单价

	第4个月	第8个月	第12个月	总计
悲观	2.2亿日元	2亿日元	2.2亿日元	6.4亿日元
乐观	4.8亿日元	4.8亿日元	4.8亿日元	14.4亿日元

当情况变得悲观时，再思考对策

图 4–5　以悲观和乐观两种方式分解时间表

另外，将悲观与乐观两种分解方式与时间周期结合起来，在不同时间周期中，分别考虑悲观和乐观的情况，在工作进程没有达到预期时，就能及时思考下一步对策。再次强调，计划并不是要完全猜中一个数字，重要的是设定"大致计划"后，我们如何努力取得更好的结果。

对需要完成的工作进行分类

> "要做的事情有很多，但是不知道先做哪个才好……"（原田）

在对工作任务进行排序时，将其分为"效果好""效果差""不耗费时间""耗费时间"这4个象限的方法是很有效的（见图4-6）。最应该优先考虑的是"效果好且马上能做的"。相反，对于"效果差且耗费时间的"，则可以不采取行动。

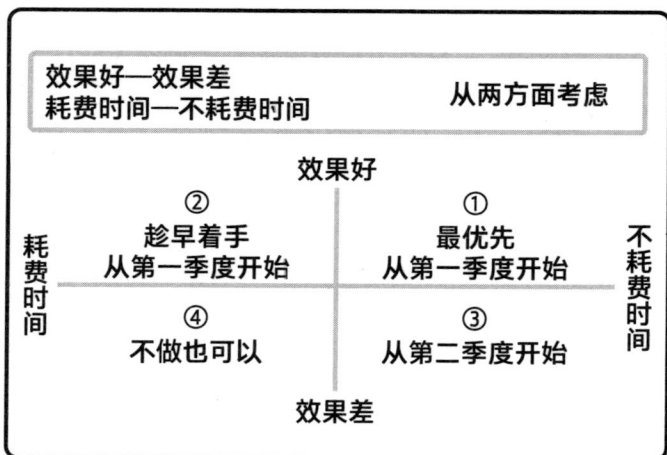

图 4-6　将需要完成的工作分为 4 个部分

令人头疼的是被分类为"效果好，耗费时间"的对策。因为这种对策只要不想着去做，就很容易一拖再拖。例如，在邮购时，如果被告知"引入新的支付手段需要拖半年"，就会产生"以后再说"的想法。但是支付手段的多样化是无法避免的时代趋势。不能因循守旧，应该尽快更新。

首先将对策分为①"效果好，不耗费时间"，②"效果好，耗费时间"，③"效果差，不耗费时间"，④"效果差且耗费时间"这4种类型，然后按照时间周期进行分解。例如，将一年分为4个季度，"效果好，耗费时间"的项目就必须从第一季度着手。另外，"效果好，不耗费时间"的项目，也应该尽早着手。在观察这些项目效果的同时，对于"效果差，不耗费时间""效果差且耗费时间"的项目，最好安排在第二个季度以后进行，或者"不做"。

这个方法对整理自己的工作也很有帮助。"就算有想做的事，也没有时间去做。"这是很多人的普遍烦恼。我有机会和很多人商讨，当我把达到理想状态所需的要素进行分解后，大家都会情绪高涨地说："哇，太棒了，找到了关键的工作。"但是，当我在最后问："你有时间做吗？"大多数人都会低着头支支吾吾。好不容易整理好的方案草草结束的例子不在少数。

"必须做这个""必须做那个"，每天都忙得不可开交的人首先要用"分解思维"的方法整理自己的工作。分解后，把无须做的工作全都剔除。在剔除时，如上所述，通过"耗费时间—不耗费时间""效果好—效果差"的四象限图，将手头的工作分解为4个部分，或者推进自动化。如果是在企业团队中，则能够重新审视整个团队的工作。例如，每日报告既耗时又低效，这时可以建议"这个不需要吧，不要做了"。如果是既省时且有效的工作，就坚持做下去。对于耗费时间却有效果的工作，可以思考一下更节省时间的方法。当然，也可以把无效工作变成有效工作。在判断工作是否有效时，重要的是思考"为了什么而做"。

在公司里，经常出现这样的情况，最初工作是有目标的，但随着时间的推移，目标渐渐变得有名无实。当我们重新审视"这样做的目的"时，就会发现"这个资料已经一年没更新了"或者"法律条文变了，所以没有意义了"等。停止无意义的工作，为了实现理想状态，积极行动吧。

分解销售方式

> "能不能增加客户数量、
> 提高销售额？"（山田）

　　说到"分解销售方式"，我们可以将其分解为直销店铺和电子商务，山田是电子商务团队的负责人，下面就从电子商务的模式来分解一下。当制造商进军电子商务领域时，一般会在亚马逊、雅虎购物等大众网购平台开店。但是，如果在很多家平台开店，运营成本就会增加。我发现很多企业因为在多家平台开设店铺而进展不顺利。

如果你的企业已经在多家平台开店，就要对每件商品的销售额、销售时间等进行比较，对于没有利润或利润不高的商品，要大胆下架，这点很重要。然后在此基础上，用前文提到的"反向思考"方法思考一下：与平台销售相反的是什么？

与平台销售相反的是公司自营的电子商务网站。制造商在各大平台上开店有助于揽客，但是在自营电子商务网站上直销，利润更高，也不会被迫打价格战。相反，如果有的公司之前只做直销，那么最好也考虑一下在各大平台上开店。开网店时，重要的是从众多的平台中找到最适合的平台。不要一开始就在所有的平台上开店，而是应该先尝试两三家，然后找到客单价高且客户层次高的平台。如上所述，将销售方式分为"公司自营电子商务网站"和"网购平台"，从中寻找销售单价最高的方式（见图4-7）。

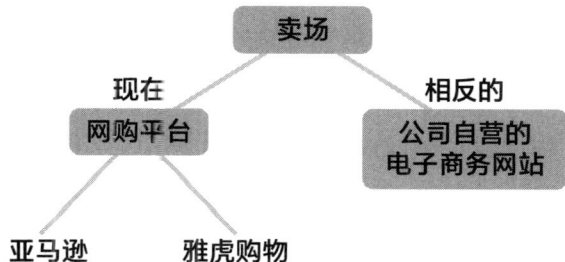

● 分解销售方式

销售方式 ＝ 销售平台 ✕ 支付手段 ✕ ……

● 分解实践（销售平台）

图 4-7　分解卖场

分解销售方式

增设新的销售平台是很难的。更可行的做法是，"分解销售方式"。要充分考虑客户的支付方式偏好，包括银行汇款、信用卡结算、运营商结算、后付款、分期付款等。

客户应该一般希望自由选择支付方式。每个人都有习惯的支付方式。因此，制造商必须搞清楚对于自己公司的商品、电子商务网站、各大平台，客户期待使用什么样的支付方式。还有一种方法是，在网页中设置所有的快速结算方式，让客户自由选择。因为如果结算过程过于复杂，或者支付方式过多的话，则很难在网站的一个页面内同时显示。这些都会让客户感到烦琐、不方便，甚至会产生"麻烦，不买了吧"的想法。

在分解销售方式时，最理想的是提供 2 ～ 3 种支付方式，这能让 80% ～ 90% 的客户感到满意。在分解销售方式时，关键是要设置大多数人都能方便使用的支付方式。

分解商品和推广方向

> 有人问我"客户群体是谁",我回答:"30多岁的商务人士。"对方说:"太笼统了,不清晰。"(山田)

　　经常会有企业推出一些销售对象不明的商品,没有需求的商品当然卖不出去,也会给公司造成亏损。这是因为制造商没有对商品的销售方向进行分解。再回顾一下,因为销售额目标 = 客户数量 × 客单价,所以商品的销售方向可以分解为"价格贵但购买人数少的商品"和"价格便宜但购买人数多的商品"。例如，同一种商品，既可以主打高档感，面向收入水平较高的人群销售，也可以大量生产，薄利多销，吸引更多的客户购买。

首先，客观地看待市场，弄清自己公司的商品属于哪个类型。目前对商品的销售方向毫无把控的公司特别多，这些公司的负责人在会议上漫不经心地制定销售策略，员工就会各自从不同方向考虑营销方式。有人认为"降价应该会卖得更好"，其他人认为"绝对不能降价"。结果，就会生产市场定位不上不下的商品。是想把商品尽可能降价卖掉，还是想涨价两三倍卖掉，这是两个完全相反的方向。因此，一开始至少要明确公司商品的定位是"高价策略，面向部分高单价客户"，还是"尽可能低价销售，面向广大普通客户"，这一点很重要。为此，最好在"客户数量 × 客单价"中加入具体数值，让所有人达成共识。如果想以高价销售，则需要设计独特的产品，满足目标客户群的预期，因此有必要一边分解客户，一边思考应该推广什么样的商品和服务。如果是薄利多销，则需要让"因为便宜才买"的人尽可能了解商品的具体情况（见图 4–8）。

　　分解工作法　　聪明人如何解决复杂问题

商品的方向性

· 高价销售，面向部分高单价客户
· 尽可能低价销售，面向广大普通客户

分解高价销售的目标客户群

以分解“30多岁的商务人士”为例
· 在东京工作还是小城镇工作？
· 是管理层，还是普通员工、技术人员？
· 职业是什么？用电脑工作的时间长，还是与人交流的时间长？

图 4-8　分解商品和推广方向

为什么一定要区分推广方向

我认为，今后会越来越需要区分商品的销售方向。这与日本社会的收入不均衡、贫富分化严重的现状有着密切关系。从相关数据看，日本社会的贫富差距已经非常明显。厚生劳动省公布的《2021 年国民生活基础调查》显示，日本的家庭平均收入是 564.3 万日元，低于平均收入的比例为 61.5%，即低于平均收入的家庭数量很多（中位数为 440 万日元）。按具体收入金额划分，5.4% 的家庭收入低于 100 万日元，13.1% 的家庭收入为 100 万～ 200 万日元，13.3% 的家庭收入为 200 万～ 300 万日元。换言之，31.8% 的家庭收入低于 300 万日元。

由此可见，在日本经济高速成长期形成的面向约 80% 的中等收入人群销售商品的战略显然已经落伍。如果对此不能达成共识，讨论就会分化，即有人以已经不存在的 80% 的中等收入人群为销售对象讨论销售策略，也有人以贫富差距为前提讨论。正因如此，我们首先要区分商品的销售方向，然后决定销售模式，这点很重要。

以常用社交媒体划分客户群体

最近很常见的是，社交内容等的发布也要根据媒体的不同区分方向。以我为例，我在脸书（Facebook，现更名为 Meta）上与数千人建立了联系，其中有很多是经营者，所以我经常发表面向经营者的营销话题。在推特（Twitter）上，我拥有约 2 万名粉丝，经常发布有关创业的话题。在 Instagram 上，我也有约 1 万名粉丝，发布的内容主要围绕中小城市的一些小型商业话题，有时还会为单亲妈妈举办营销讲座。

虽然内容基本相同，如"以客户为中心""分解思考销售额"等，但会根据不同媒体的特点和读者群体的差异调整沟通话术。由于图书不可能定价每本 10 万日元，因此我们不能选择"价格贵，面向少量优质客户的销售方式"，而必须以"尽可能低价，面向更多的普通客户"为目标。因此，我特别创作了能让大众读者感兴趣的内容。

分解进展顺利的原因

> "想知道怎样才能卖出 10
> 亿日元的商品。"（山田）

　　人们在提出对策时，都是基于自己过往所了解的知识。但是，仅凭自己有限的知识存储提出的对策和建议是有局限性的。我认为，与其这样，不如老老实实地学习成功经验。以山田为例，上司下达了销售额提高10%、完成 10 亿日元销售额的任务。此时，他不能仅仅按照自己的方式思考，而需要调研"通过运营电子商务而销量暴增的公司都有哪些？""为什么它们能卖得这么好？"商品畅销的公司一定有其畅销的原因，因此需要分解具体成功原因。此时，我们可以将商品畅销的条件分解为几个要点，针对这些要点进行分析。例如，畅销的电子商务商品通常有以下 3 个特点：

· 网页浏览量高；

· 网页设计简单，下单方便；

· 商品本身吸引人。

基于以上三点，对商品畅销的公司进行分析，并思考"商品畅销的公司在哪些方面比自己公司做得好"。我们尝试浏览 ZOZOTOWN 的网站，并将其与我们公司的电商店铺进行比较。

< ZOZOTCWN >

【网页浏览量】

· 做过电视广告投放，知名度也高；

· 有记忆点的网站名称。

【购买便利程度】

· 在搭配使用的应用程序上可以查询商品的使用说明；

· 有热搜推荐和搜索量排名，容易找到所需商品。

【商品本身情况】

·经营各种品牌，品种繁多。

< 本公司 >

【网页浏览量】

·有时在网页上推出广告；

·知名度低。

【购买便利程度】

·以单个商品照片为主，未介绍使用方法；

·只能搜索商品类别，很难找到个人所需商品。

【商品本身情况】

·本公司的商品种类齐全，质量也好。

　　这样，就能站在更广阔、更全面的视角看清自己公司改进的方向。

列出销售额达 10 亿日元的企业所做的工作

　　我们再大致思考一下，先列出调研获得的内容

（见图 4-9）：

- 支付手段多样；

- 网页设计好，易于浏览、下单；

- 评论便于查看；

- 商品详情页介绍有亲和力、细致；

- 实拍图拍得漂亮；

- 商品种类繁多；

- 销售成套商品；

- 在社交网站上获得大量好评；

- 提供定期购买服务。

成功企业所做的工作	对什么有效
· 支付手段多样	客户数量、重复单价
· 网页设计好，易于浏览、下单	客户数量
· 评论便于查看	客户数量
· 商品详情页介绍有亲和力、细致	客户数量
· 实拍图拍得漂亮	单价
· 商品种类繁多	回头客
· 销售成套商品	单价
· 在社交网站上获得大量好评	客户数量、回头客
· 提供定期购买服务	回头客

图 4-9　分解成功企业

在此基础上，如果从"哪个对增加客户数量有效""哪个对提高单价有效""哪个对增加回头客有效"等角度来思考，我们可以整理出以下对策，以实现销售额达 10 亿日元的目标。如：

· 为了防止客户流失，保证支付手段的多样化；

· 为了提高单价，精美实拍图和配套商品都很重要；

· 为了增加客户数量，有必要激励老客户介绍新客户（在社交网站上投稿）；

· 提供定期购买服务。

分解时间周期并实行

列出全部待办事项后，再按照时间周期进行分解。"今年要做 ××""本季度要做 ××""本月要做 ××""什么时候完成 ××""这个任务由 ×× 负责"等，只要明确这些内容就可以了。

例如："为了增加客户数量，本季度将优化网页的流畅度、增加快捷支付手段。为此，本月初确定网页设计和结算手段的总目标，20 日前各自调查易于网购的网页的特征，然后开会讨论。关于支付手段，请××先生调查各种支付手段的优缺点"，然后就可以制定相应时间表了。

会议上经常会出现这样的情况，还没有对目标进行分解，就想讨论一个完美的解决方案。在现实中，几乎不可能用一个方案解决所有问题。尽管如此，有些企业却还是想要讨论出这样的方案，最终结果往往是一拖再拖。但是，如果使用"分解思维"的方法进行讨论，就能找到逐个解决问题的方法。

分解多家企业，寻找共同点

制造商如果有直销电子商务平台，就可以降低30%～40%的流通成本，商品的利润率必然会提高。据我分析，那些发展成熟的电子商务企业都是利用这些省下来的利润投入促销的。提高利润后，既可以降低价格销售同样的商品，也可以二次加大投入，规模化生产，以同样的价格生产出更高品质的商品。

此外，如果利润率提高了，还可以向网购主播提供赠品，让其进行带货推广。当然，冰箱和汽车是不能随意赠送的，但是化妆品和生活用品完全可以免费提供。这样的推广方式，完全可以收回成本。如果在降低价格、提高品质的同时加大宣传力度，购买人数自然就会增加，销售额也会提高。

据我观察，最近网销火爆的企业都是这样开展促销的。这么一说，有时会收到这样的反馈："这不是只有菅原先生才知道的独家信息吗？""普通的电子商务负责人，查不出那么多吧。"事实并非如此，我和各位读者搜索信息的条件是一样的。只是想知道畅销公司都在做些什么，并挑选了几家企业进行分析，结果找到了它们的共同点。

从网上获取分解所需的信息

在当今时代，很多人都能够找到商品畅销的原因。首先，很多企业为了推广产品，会在媒体上发布信息宣传本公司产品的优点。我们可以从中先找到与自己公司具有相同目标和理想的榜样企业，然后搜索其公司名称，找到很多相关的采访报道。只要阅读这些报道，就能了解"这家公司重点经营的内容"。

分解工作法　聪明人如何解决复杂问题

此外，可以通过各类网站收集信息。榜样企业会在各类网站上发布自己公司的各项举措。不仅如此，如果你在专业问答类网站上提问，还会收到很多专业人士的热心回答。北女我们提出了这个问题——"我很关注这家企业，能取得这么大的业绩真了不起。他们到底是如何做到的呢？"然后，我们会在短时间内收到诸如"那家公司礼盒商品的开发很成功""商品开发的方法和其他厂商不一样"等回复。这听起来像是只有粉丝多的人才能使用的方法，其实粉丝少也没关系，只要善于搜索，你就会发现有人在专业问答类网站上提出了和自己相似的问题，甚至还能找到不少相关的解答评论。

现在，即使是一些非上市企业，各类网站上也有很多人分析和讨论其经营成功的原因，所以不用自己去分析，只需查找和确认这些信息，就能了解其畅销的原因。此外，如果在社交网站上随意地抛出类似这样的问题——"请告诉我 ×× 公司商品畅销的理由"，则不一定能得到想要的回答。在发布问题时，首先你的粉丝必须对这家公司感兴趣。"×× 公司真厉害。销售 ×× 这样的商品，业绩还能上升到 ××。其秘诀是什么呢？"像这样，将自己作为榜样公司的魅力告诉对方，

并在对方产生兴趣后再回答问题是关键。在社交网站上
收集信息时，要提出一些粉丝们容易回答的问题。

从行业领先的企业可以看出市场的整体趋势

在分析榜样企业时，请一定要选择在业界排名第
一的企业，分析"客户的什么需求，让那家公司能位
列第一"。消费行为和选举投票很类似。排名第一的企
业，最受消费者青睐，商品和服务的销量自然也最多。
因此，如果以业界排名第一的企业为榜样，就能分析出
其获得消费者青睐的原因，也能了解消费者对该市场的
需求。

例如，现在特斯拉汽车之所以畅销，不仅是因为车
身等硬件，更在于其操作系统得到了高度评价，它可
以与网络相连，让驾驶更加舒适和安全。如果不分
析特斯拉汽车的成功案例而盲目讨论，就无法关注
到软件的价值，只能根据传统的思维推导出改善方案
（见图4–10）。

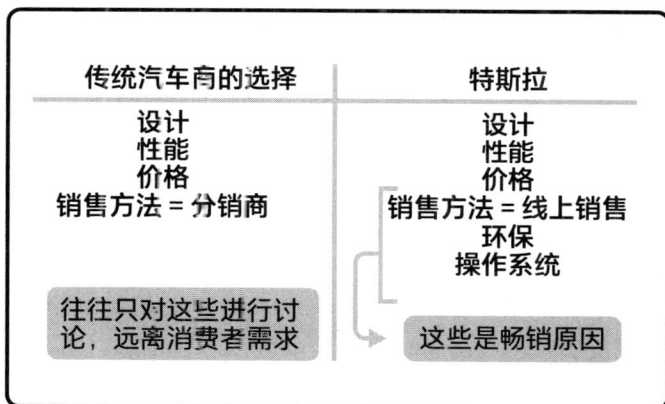

図4-10 分解成功企业（特斯拉）

"是设计得不好吗？"

"对经销商的激励手段是不是有问题？"

当被类似意见冲昏头脑时，即便请著名设计师或者加大经销商的激励力度，最后也是徒劳无功。在销售方面，特斯拉也不再依赖传统的经销商进行分销，而是利用电子商务平台进行在线销售，这样就不需要经销商惯用的促销手段了。综上，我们应该认识到分析榜样企业的意义，否则会越来越远离消费者。

分解客户的动机

> "客户为什么购买我们公司的产品？"（上司）

　　下面我们来思考如何"分解客户动机"。既然问题是"客户想要什么"，那么我们应该对购买本公司商品的客户动机进行分解。客户购买商品的原因因人而异。公司员工可能会认为"因为商品好""因为网页设计好"，实际上，客户可能只是因为偶然搜索到的商品排名靠前而选择购买。

最近，我经常听到这样的抱怨，"我在网上搜索了一下，找到了排名最靠前的回收公司，结果却被收取了高价服务费。"其实很多客户的购买动机就是这么简单（当然不是说搜索后排名靠前的商家都是缺德的，但我觉得越是诚实经营的商家似乎越不懂优化搜索引擎）。说这个可能稍稍有点偏题，如果购买动机不明，不清楚"客户为什么会购买我们公司的商品"，那么即使觉得自己的努力是对的，也有可能适得其反。例如，客户评价说"这家公司为我精选出了有品位的商品"，而商家却认为"客户选择多一些比较好"，于是增加了更多品类，反而导致商品卖不出去。

由此可见，制造商需要根据购买动机对客户进行分解，确定主要吸引哪种购买动机的客户，并提供让该类客户方便下单的销售方式。

客户的真正需求

通过调查问卷和用户评论，我们可以对购买商品的动机进行分解（见图4-11），比如，可以分为以下几种：

· 因为喜欢商品；

- 因为购买方便；

- 因为可以积分；

- 因为有折扣。

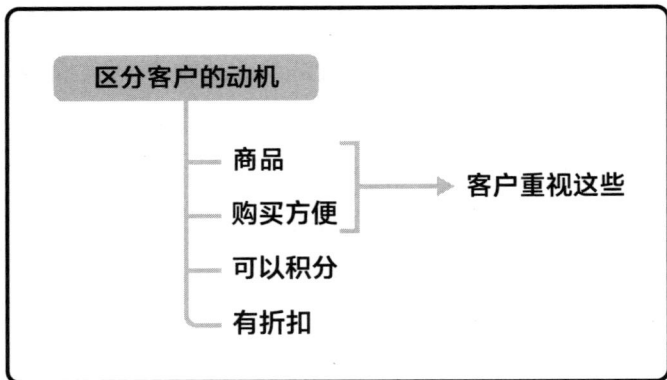

图4-11　分解客户的动机

　　其中，以"可以积分""有折扣"等理由购买的客户，很难期待其维持长期购买力。在没有积分或没有折扣的情况下，这类客户就不会购买。如果其他店引入积分或采取折扣促销，他们就有可能会快速流失。真正的忠实客户（优质客户）不会为降价所动。"有客服接待""不懂可以问""会为我特地补货"等，很多人都愿意为这种专属服务而买单。

　　如今，无论是家电还是西装，都很难在商品的功能和品质上做到差异化。比起商品的差异化，销售员的良好印象、接待客户的亲切态度、销售员记住了自己等，这些都会让客户觉得有价值。对购买动机反应迟钝的企业，会以削减经费为目的，不断削减客户服务成本来谋求所谓的"合理化"。但最近越来越多的企业意识到这种想法是错误的。如果不理解客户的购买动机，最终被客户抛弃，那就得不偿失了。分解客户的购买动机，思考怎样才能满足更多客户需求，促进他们购买商品是很重要的。

分解客户群体

> "我想更新商品网页，应该重视哪些客户的需求呢？"（山田）

　　在以往的市场营销中，通常将客户群体分为"优质客户""普通客户""叛离客户""了解但未购买客户""未了解客户"等（见图 4–12）。制造商可以借此考虑增加哪些客户。

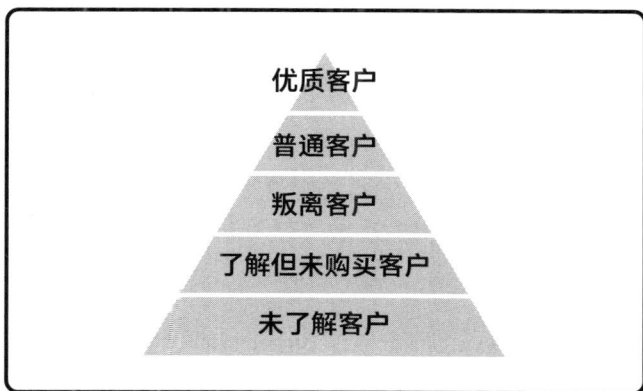

图4-12　分解客户

　　"优质客户"：了解本公司的商品，购买频率高

　　"普通客户"：了解本公司的商品，购买频率中等或较低

　　"叛离客户"：了解本公司的商品，以前购买过，现在不购买了

　　"了解但未购买客户"：虽然了解本公司的商品，但从来没有购买过

　　"未了解客户"：不了解本公司的商品

但是需要注意的是，如今，优质客户中包括了部分"转卖者"。例如，在耐克的电子商务销售的过程中，不仅是优质客户和普通客户，甚至是初次看到该商品的客户、"转卖者"等，都会购买限量版的运动鞋。

在此，假设品牌方决定"导入让购买量大的客户优先下单的机制"。乍一看，这似乎是合理的判断。但是实际上比优质客户更喜欢人气品牌商品的是"转卖者"。因为他们将别人的名额买了再转卖。但从数据上看，无论是"转卖者"还是真正的优质客户，都是"购买了大量商品的人"。也就是说，如果单纯地"优待购买量大的客户"，就会导致"转卖者"购买量增加、二手平台上挂出的商品也增加的奇怪状况。如果优待"转卖者"，真正重要的客户会感到不愉快——"什么嘛，光偏袒那些倒卖的人，我们用这个品牌 10 多年了。这样还不如买其他品牌的商品。"如此一来，就会导致优质客户和普通客户的叛离。

如果制造商现在想要发展自营电子商务平台体系，就至少要将客户分为"优质客户""普通客户"和"转卖者"3 类。其中，真正重要的客户当然是"优质客户"，要引入这类客户经常购买的商品和易于购买的销售机制。此外，将"普通客户、初次见面的客户"培养成"优质客户"的努力也是不可或缺的。

另外，如何辨别"转卖者"也是一大问题。要想以长远的眼光提高销售额，就不能只看眼前的销售数字，而是要面向真正重要的客户。如果只看数字，可能会忽视重要的客户，这点应当引起商家的注意。

为客户分类，实现销售额百亿日元的目标

对客户进行分类有助于实现销售额目标。以我自己为例，在公司迅速发展时期，销售额需要从几亿日元增长到数百亿日元，只经营过数亿日元企业的人，突然以数百亿日元的销售额为目标，一般来说是不可能达到的，员工们也想不出什么好点子。因此，我决定使用"分解思维"来尝试突破。

首先，思考"当前的几亿日元销售额是怎么来的"，当时公司以40家公司的公关负责人为销售对象，每个月的广告费是100万日元，合计1年是约5亿日元。换算成公式如下：

销售额 =100万日元 / 家 / 月 × 40家公司 × 12个月

如果按照这种方法销售 100 亿日元以上，就必须接到 1000 个订单。虽然员工增加了，但即使 20 次洽谈能获得 1 次订单，也必须洽谈 2 万次。因此，可以得出此处需要提高的不是数量而是单价这一结论。

在我思考哪些能获得高薪水时，我发现了咨询师行业。咨询师的年薪在数千万至数亿日元之间。我模仿头部企业制作了 1000 万日元和 1 亿日元的广告商品，尽管我们已经尽力推广，但这些商品仍然卖不出去。面向企业销售时，如果想提高单价，需要面向不同的销售对象。如果销售 100 万日元的广告，负责数字广告的一线职员可以自行决定，向他们提出方案就可以了。但如果是销售 1000 万日元的广告，就必须向对方的上级提交方案，而且，有时对方还不愿意把数字广告交给一家公司。当广告费高达 1 亿日元时，需要向更高一级的管理层请示并提交方案，很多时候对方会说："电视广告也是 1 亿日元左右。这样还是选择电视广告更好。"于是，我只能垂头丧气地返回。

为什么提出 10 亿日元的方案

虽然知道卖不出去，但也不能采取降价促销的策略。因为只有涨价这一条路可走，所以我想："干脆提出 10 亿日元的方案怎么样？"为什么是 10 亿日元呢？当 1000 万日元的广告和 1 亿日元的广告很难销售时，当然可以先试着增加到 2000 万日元或 2 亿日元，但就像刚才说明的那样，如果销售对象不变，结果是一样的。于是我下定决心，向更高一级的管理层直接提出方案。

"你们公司的数字广告做得好吗？"

"如果全部交给广告代理商，自己公司就无法留存数据，也无法掌握技术，对吧？为了掌握内部数据，数字订单必须一元化管理。"

对方的管理层并没有要求这样的提案，但我实际提交之后发现，这些提案得到了他们的高度认可。结果，销售 100 万日元订单时只有 5% 的接单率，但 10 亿日元订单的接单率达到 30%，顺利完成了销售额 100 亿日元的目标。为了达成销售目标，我认为用"客户"能承受的花费进行分解也是一个很好的方法。

分解原因

> "为什么我们团队进展不
顺利？"（山田）

本节的"分解原因"可以理解为"发现企业存在的
问题"。

山田团队面临的问题是离销售额 10 亿日元的目标
还差 10%。出现这个问题的根本原因在于公司整体存
在的问题。例如，"总是一想到一些短期方案就马上实
施""只关注眼前的数据"等团队和个人思考方式方面

的问题，我们必须找到解决办法。

　　企业之所以能顺利实现目标，是因为企业的状态符合要求。只要运营正常，就不会出现问题，也不会阻碍目标达成。反过来讲，因为运营出了问题，才会采取一些无效措施，更加导致目标无法实现。因此，发现公司整体存在的问题是达成目标必不可少的一环。

　　在分解问题原因时，将自己公司或团队与达成目标的企业或团队相比，找到自己不足的地方，是比较有效的方法。对比榜样企业，对该企业或部门所做的工作进行分解，自己的问题就会凸显。

　　例如，你注意到公司其他团队一直能够如期达成目标，并发现他们具有如下特征：

　　·战略目标明确；

　　·团队成员关系融洽；

　　·挑战新创意。

　　与此相比，如果试着写下自己团队目前的状况，可能会发现不足之处（见图4–13）。

　　这也可以用于与"目标企业"进行比较。只要仔细比较，或许就能发现"我们公司的市场开拓和销售没做好""商品开发部无视客户反馈报告"等问题。话虽如此，但是如果一味强调"商品开发部有问题"，可能会遭到公司内部的强烈反对。例如："你只是想把责任推给其他部门罢了。"

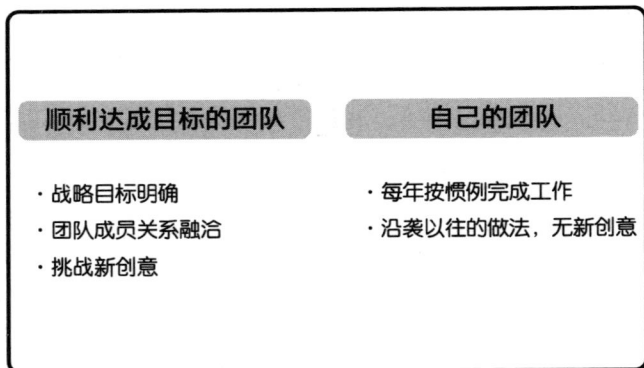

图4-13 分解进展顺利的团队

"把自己部门的责任撇清，还说什么？"

但是，如果在分解榜样企业的基础上提出发现的问题，就能得到全公司的广泛认可。

区分自己与对方、
事实与推测

> **"无法很好地与对方沟
> 通……"（原田）**

　　下面再谈谈关于沟通的分解思维。

　　人们在交流时，总是容易基于个人观点进行思考。因此，当对方提出不同的观点时，会觉得是在否定自己。也就是说，无法冷静讨论、容易激动的人，处处针锋相对的人，往往难以正常沟通。

　　与此相对应，擅长沟通的人能够站在对方的立场理性看待自己，并在此基础上提出有效意见。"你是这么想的吧？我有同感。但是，我是这样想的……你看怎么样？"站在对方角度看待自己的人，会尊重对方的意见。这样就能巧妙地化解冲突。

让我们来看一个例子。

· 进展不顺的例子

对方："我觉得这个方案不会顺利实施。"

自己："为什么这么说？"

这样就会产生对立情况。

· 进展顺利的例子

对方："我觉得这个方案不会顺利实施。"

自己：（为什么？上次不是挺顺利的吗？站在对方的立场上怎么看？）

自己："我想听听你的想法。"

对方："因为我觉得上次只是碰巧有网红主播推荐了我们的产品，并不能说明推广方案有效。"

这样，我们就能在了解对方想法的基础上进行沟通。重要的是，要区分自己和对方，能从各方的立场考虑问题。因此，我们应该从理解对方开始，站在对方的立场思考并提出自己的观点，这样不仅沟通会顺利，自己的意见也更容易获得对方的认同。

这种沟通方式不仅适用于公司内部，在与客户交流时也同样适用。只从自己公司的角度宣传公司的优点，只会让客户感到厌烦。首先要充分理解并把握客户对自己公司的需求，这是前提条件；然后，根据客户的需求来宣传自己公司就可以了。

区分事实和推测

有些人的观点之所以让人难以理解，是因为他把事实和自己的推测（个人意见）混为一谈。必须严格区分事实和推测，这点很重要。例如，以个人推测为依据提出"以后没有人会看电视，还是放弃电视宣传吧"，若想使人信服，应该在收视率等数据的基础上，以事实为基础提出观点。

例如，试着分解下面这句话。

"根据调查，网络广告发展迅速。今后电视广告的需求将越来越少，放弃投放电视广告吧。"

事实：根据最近的调查，网络广告发展非常迅速，电视广告有减少的倾向。

意见：放弃电视宣传。

区分服务模式和商业模式

> "采用这个方法，不会对其他方面产生影响吗？"
>
> （山田）

在提高销售额、取得成果的过程中，区分服务模式和商业模式也很重要。服务模式是指为客户提供服务的机制，建立在与客户的约定之上。

前文我提到了自己刚进 SmartNews 时，要求"增加用户"的小插曲。这次我想先谈谈自己的案例。SmartNews 的服务模式是通过增加信息量、改善可视性，提高用户使用的便利性，来增加用户数量和人均使用时间的。另外，其商业模式是随着用户数量和使用时间的增加，带动广告销售量的提升。商业模式可以有效地推动广告的销售。服务模式和商业模式都很重要，二者缺一不可。假设负责广告销售的团队忽视用户的便利性，只考虑网络媒体的商业模式（通过广告盈利），将广告量突然翻倍会怎样呢？用户会觉得"全是广告，体验很差"，而不再点阅。用户减少，销售额就会减少。如果为了弥补销售额的减少而增加广告，那么用户就会进一步流失。单纯重视商业模式会导致服务模式的收益越来越差（见图4–14）。

【服务模式】
增加信息量，改善可视性，提高用户的使用便利性，增加用户数量和人均使用时间。

【商业模式】
随着用户数量和使用时间的增加，广告的销售量也会增加。因此，可以有效地推动广告的销售。

广告的过度增加会影响用户体验，减少用户数量，导致原本的商业模式无法成立。

图4–14　网络媒体的服务模式和商业模式

　　分解工作法　聪明人如何解决复杂问题

与此相反，如果服务模式好，用户就会增加。在让用户感到无负担的范围内展示广告，这才是好的商业模式。"用户增加了，可以让更多人看到广告"；与此同时，广告销量也提高了，这才是理想的商业模式。事实上，除了经营者，很少有人会把服务模式和商业模式分开考虑。但我们需要认识到，只有服务模式和商业模式同时发挥作用，才能有效提高销售额。

提高思考清晰度的启示

团队一起寻找答案

我在给客户提建议时，从不会直接说"就做这个吧"。如果我一开始就给出这样的答案——"销售额要实现 10 亿日元的目标，最好的方法是单价翻倍，请把单价设定成原单价的 2 倍"，那么现场的各位一定会有疑问："为什么？"因为思维太跳跃，所以让人感觉不合理，听起来像是主观臆想，而且唱反调的人会层出不穷。例如："如果单价提高 1 倍，购买的人不就不到一半了吗？这样做销售额反而会下降。"

我认为最重要的是让在一线工作的人自己发现方法，带着认同感去做。所以我会和负责人一起开会，一起思考。例如，按主题举办研讨会——"为了达成销售额 10 亿日元的目标，需要什么？""如何分解业务？"
通过研讨会一起分解，员工就会提出自己的想法。

"要想销售额达到 10 亿日元的目标，单价却要减半，时间不够了。"

"要想销售额达到 10 亿日元的目标，就必须把客源增加到原来的 2 倍。"

"如果把客户数量提高 1 倍，那么反过来把客单价提高 1 倍也未尝不可。"

"我们公司接单时间太长了，所以也可以把接单时间减半。"

一线员工更了解工作，所以会不断提出切实可行的方案。在提出各种方案后，询问在场员工"那么，大家按照优先顺序会选择哪种方法呢？"于是得到结论——"做这个"。

"如果能缩短过长的销售周期，就能腾出更多的时间做其他工作。"

"好，首先缩短接单时间。"

有了结论，接下来就可以去实践。也就是说，我是帮助现场的各位自己去发现问题、解决问题。如果是自己发现、自己决定的事情，那么在进展不顺利的时候，可以一边回顾一边改善。总之，最重要的是让现场的员工养成自己思考并找到答案的习惯。如果团队成员一起分解，就能让所有人同步，达成共识，一起朝着目标努力。

我希望各位读者在工作时不要只是机械地服从领导的安排——"做这个""做那个"，而是把任务分解并加入自己的思考，自己找到眼下能做的事情。如果养成了独立思考并得出答案的习惯，就能理解什么是工作的底层逻辑，这也有助于我们追求更高的目标。

一边写下来一边思考

团队成员在一起分解思考时，重要的是将其写在白板或纸上并共享。一个人思考时将其写在纸上也很重要，多人讨论时这个步骤更是不可或缺。每个人的想法都不一样，在一起讨论时，各自思考的内容也都不尽相同，因此有必要准确把握差异。

例如，在讨论"销售额如何达成 10 亿日元的目标"时，有人考虑客单价，也有人考虑增加项目数量，还有人会关注销售周期，以及增加人员的方法。销售能力强的人可能会想"我一个人提出 10 亿日元的方案",也有人会想"通过团队合作,10 个人每人分担 1 亿日元的方案"。

朝着不同的方向前进,要做的事情也会完全不同。因为大家讨论时思考的内容各不相同,所以才会提出不同的方案。正因如此,才有必要一起分解销售额 10 亿日元的目标,并在白板上将分解过程写下来,这样讨论的内容就会一目了然。大家可以针对同一要素同时思考,从而发现有待讨论的问题点。

写下来可以防止跑题

写在白板或纸上的方法,对任何讨论都有效。

例如,在考虑促销政策时,某部门的人可能会想"给代理商提高佣金比例",另一个部门可能会想"在社交网站上登广告不是很有效吗"。在这种模糊的状态下,如果不写下来讨论,就会出现各种方面的观点:"这次成功售出一件商品的佣金比例是多少?(上次是每卖出一件重点推销商品奖励 100 日元吧?)""这不是针对所有商品吧?(只针对适合线上销售的商品不就行了吗？）"等，不断发生意见不合的状况，讨论内容也会越来越复杂。

　　特别是在多人讨论时，容易出现讨论进行不下去的情况："刚才在说什么来着？"，但如果写下来，共享思路，就不会出现这种问题。为了不让讨论偏离主题，请养成凡事写下来的习惯。

提出"比如？"形式的问题，聚焦答案

在进行分解思考时，可以提出"比如？"形式的问题，这个提问方式比较有效。我以前经常和外资公司合作，通过比较日本企业和外资企业的会议，发现二者得出答案的方式有着天壤之别。

在日本企业的会议上，参会者都想提出"类似于准确答案的对策"。大家讨论来讨论去，最后只说了一个冗长的意见。因此，开会给人的印象是气氛总是很沉重，沉默的时间也很长。

而外资企业则是先一一提出想法。假设以"让我们和有影响力的人合作，在会议上每人选出 10 个有影响力的候选人"为主题开会，参会者中一定会有人问：

"你是指商务人士还是 YouTube 博主？"

以此为契机，话题会变得越来越具体。

"客户是商务人士，所以应该是商务人士吧。"

"与客户是谁无关吧，也可以是体育界和艺术界的人。"

"排除 × × 领域吧。"

就像这样，在"比如？"的追问下，不断聚焦于具体答案。

在日本企业的会议上几乎不会出现"比如？"这样的发言。因为日本人觉得从一开始就给出接近准确答案的对策才是会议，最好不要说不确定的内容。如果最终得出的答案恰好符合上司或公司的要求，可能会被夸奖；但如果错了，就会被批评，并被当面指出答案"完全不对"。好不容易花时间拼命思考却得不到好评，没有比这更遗憾的了。在方向不明的情况下，自然不可能得出正确答案。简而言之，日本企业的会议压根没有分解问题这样的环节。

无论在会议上还是在日常对话中，我们可以经常提出"比如？"形式的问题，以逐渐接近准确、具体的答案。如果分解时养成了提出"比如？"形式的问题的习惯，就能顺利地接近真正的答案。

用"比如？"的提问方式不容易起争执

如果问上司"这是什么意思""我不清楚，这是什么"，要求对方做出各种说明，那么上司会觉得很烦。有的上司可能还会生气——"为什么连这个都不知道！"但是，如果提出"比如有……的情况，有……的情况，也有……的情况，哪个比较接近呢？"上司就可以三选一，这个问题就相对容易回答。此外，还能让对方意识到"原来如此，员工还不清楚这点"。如果说"我不知道"，听起来像是在抱怨，但如果问"比如哪个"，讨论就能顺利进行。

用"比如？"的提问方式可以顺利开展销售业务

提出"比如？"形式的问题的方法在分解客户时也可以使用。我在向客户销售广告时，一开始会说"麻烦安排时间见面商谈一下"，然后用"比如？"的提问方式询问客户。一般来说，在广告销售中，要先听取客户的需求——"想要投放什么广告"，然后回公司写企划书，日后向对方提出方案，按照这样的流程开展广告销售业务。这时　比起事先没有任何商谈、突然提出方案，让对方很惊讶的方式，还是让客户事先对方案有所了解的比较好。这样做，接单的成功率会高很多。

我在碰头会上会一边听对方讲，一边问"您讲的是指这个吗"或者"这个和那个，您指的是哪个"，致力于细致地分解客户的需求。这样，就能逐渐接近对方的需求。

"您期待的是这个方案吧？"

"没错没错，我就想要这样的提案！"

"那么，我来做这份策划案吧。"

1 小时的时间已经谈到了这个程度，之后就不用多考虑，直接制作策划案就可以了。我们可以从以前使用过的 PPT 中找出有用的资料，整理完善一下就可以得到一份满足客户需求的策划案。因为是在确认"您想要的是这个方案吧，那我去做吧"的基础上提出的方案，所以不用担心会被拒绝，而且确实会得到"就是这个，谢谢"的回复。

销售商品的人可能卖完商品就结束了，但购买商品的人买了商品才刚刚开始。比起考虑"怎样才能卖出去"，不如多思考"如何才能让购买的人或企业买得更多"，这样思考对策，商品自然就能更畅销。

　　　　　　　　分解工作法　聪明人如何解决复杂问题

结 语

　　"如何取得更好的成果？"这是我在任何工作中都会思考的"问题"，也是我做这份工作的意义所在。在25年的职业生涯中，我服务于多家企业，虽然也有失败的时候，但最终还是取得了巨大的成功。工作要想获得成功，最有效的方法是运用"分解思维"，它能够帮助你顺利解决一些难题。

　　为了将这种思维方式介绍给更多的企业，我在2018年创立了Moonshot咨询公司。我运用这种思维方式，同时为多家企业提供"破壁"服务，帮助企业发现并解决自身存在的问题。看到企业发展壮大的样子，我产生了这样的想法——"如果不仅面向企业，也面向希望在工作中取得成果的人大量推广这种思维模式，会怎样呢？可以像我的客户企业一样，让很多人的'结果'变得更好吧。"我确信这一点。

有一天，《动机革命：如何激发低欲望的一代》等畅销书的作家、创新者尾原和启先生邀请我参加他的在线沙龙"尾原的沙龙破解"。当时我和尾原先生、在线沙龙的成员们聊起"营销脑"（营销人员是如何思考问题的）时，他们非常喜欢。因此，我创作了这本书。是的，最先相信这本书能够带来改变的是尾原先生。

然后，在 SB 创意出版社的多根先生、助理编辑渡边先生的帮助下，本书的核心概念有了进一步的提升，从"营销脑"发展为能让更多人理解、使用的"分解思维"。正因为有三位的信任，本书才能顺利出版。正因为有这么多相信本书的读者前来预约，本书才能在预售阶段跃升为亚马逊商业教育分类榜第一名。由衷感谢各位。

而现在手捧此书的你，正是我想通过此书推广思维方式的对象——希望取得更好成果、想要改变人生的"你"。我会全力帮助读了这本书之后想要改变的你。正如本书开头所写，当今社会，无论什么工作，重要的是效率，这是一个要求出成果、需求脑力劳动的时代。但是，出成果的思维方法，学起来非常困难。一般来讲，必须大学毕业，再去商学院攻读 MBA 学位，或者在咨询公司工作并在工作中学习之后才能掌握。

我认为越复杂的东西越有必要进行分解思考。正因如此，我才希望在本书中，即使不使用框架、MECE 分析法 [①] 等晦涩难懂的术语和思考方式，也能让所有人都抓住事物的本质，取得成果。其实本书有一个很大的目标，那就是让更多的人阅读本书。即使因为经济原因无法继续学业，也能通过这种思维方式在工作中做出成果，从而增加收入。即使没去大学或商学院学习经营、市场营销等专业课程，也能做出成绩。这就是本书出版时关于"如何取得好的结果"这一问题的回答。

最后，请将对本书的感想和疑问加上标签"# 分解思考"或"# 分解思维"，发表在社交网站上。我可能不会全部回答，但是一定会看。

读者或许可以通过阅读本书而改变人生。我从小在

---

① MECE，全称 Mutually Exclusive Collectively Exhaustive。MECE（相互独立、完全穷尽）是麦肯锡思维过程的一条基本准则。——编者注

单亲贫困家庭长大，上不了大学，没有钱，没有资格证书，没有驾照，可以说一无所有，但我通过做工程师时掌握的"分解思维"取得了成果。

2022 年 11 月 10 日 菅原健一

分解工作法　聪明人如何解决复杂问题